图文古人游记

【日】中川忠英 ◎ 编著　　臧长风 ◎ 译注

清俗纪闻

人民东方出版传媒
People's Oriental Publishing & Media
东方出版社
The Oriental Press

图书在版编目（CIP）数据

清俗纪闻 /（日）中川忠英 编著；臧长风 译注 . — 北京：东方出版社 ,2024.7
ISBN 978-7-5207-3299-4

Ⅰ.①清… Ⅱ.①中… ②臧… Ⅲ.①风俗习惯－中国－清代 Ⅳ.① K892

中国国家版本馆 CIP 数据核字（2024）第 036637 号

清俗纪闻
（QING SU JI WEN）

作　　者：[日] 中川忠英
译　　注：臧长风
责任编辑：王夕月
出　　版：东方出版社
发　　行：人民东方出版传媒有限公司
地　　址：北京市东城区朝阳门内大街 166 号
邮　　编：100010
印　　刷：三河市同力彩印有限公司
版　　次：2024 年 7 月第 1 版
印　　次：2024 年 7 月第 1 次印刷
开　　本：650 毫米 ×920 毫米　1/16
印　　张：18
字　　数：200 千字
书　　号：ISBN 978-7-5207-3299-4
定　　价：88.00 元
发行电话：（010）85924663　85924644　85924641

総序

中国文化是一个大故事，是中国历史上的大故事，是人类文化史上的大故事。

谁要是从宏观上讲这个大故事，他会讲解中国文化的源远流长，讲解它的古老性和长度；他会讲解中国文化的不断再生性和高度创造性，讲解它的高度和深度；他更会讲解中国文化的多元性和包容性，讲解它的宽度和丰富性。

讲解中国文化大故事的方式，多种多样，有中国文化通史，也有分门别类的中国文化史。这一类的书很多，想必大家都看到过。

现在呈现给读者的这一大套书，叫作"图文中国文化系列丛书"。这套书的最大特点，是有文有图，图文并茂；既精心用优美的文字讲中国文化，又慧眼用精美图像、图画直观中国文化。两者相得益彰，相映生辉。静心阅览这套书，既是读书，又是欣赏绘画。欣赏来自海内外二百余家图书馆、博物馆和艺术馆的图像和图画。

"图文中国文化系列丛书"广泛涵盖了历史上中国文化的各个方面，共有十六个系列：图文古人生活、图文中华美学、图文古人游记、图文中华史学、图文古代名人、图文诸子百家、图文中国哲学、图文传统智慧、图文国学启蒙、图文古代兵书、图文中华医道、图文中华养生、图文古典小说、图文古典诗赋、图文笔记小品、图文评书传奇，全景式地展示中国文化之意境，中国文化之真境，中国文化之善境，中国文化之美境。

这是一套中国文化的大书，又是一套人人可以轻松阅读的经典。

期待爱好中国文化的读者，能从这套"图文中国文化系列丛书"中获得丰富的知识、深层的智慧和审美的愉悦。

王中江

2023 年 7 月 10 日

前言

在历史的长河中，文化交流一直是人类社会发展不可或缺的重要环节。跨越时代和国界，文化的交融与相互影响塑造了各个国家的风俗习惯和社会面貌。在这个过程中，书籍扮演了极其重要的角色，记录并传承了人们的智慧和经验。《清俗纪闻》便是其中一部珍贵的著作，它为我们打开了了解乾隆时代中国江南地区民间生活之门，为后世留下了宝贵的历史遗产。

《清俗纪闻》由日本人中川忠英编辑，于1799年在日本刊印。他以详尽的调查记录形式，展示了乾隆时代中国福建、浙江、江苏一带的民俗民风。全书共十三卷，涵盖了年中行事、居家、冠服、饮食制法、间学、生诞、冠礼、婚礼、宾客、羁旅行李、丧礼、祭礼和僧徒方面的内容。

这本书的编写过程可谓充满艰辛。主持这项调查工作的中川忠英，作为长崎地方长官，负责管理唐（清）、兰（荷兰）贸易，与清朝商人有着密切接触。他命下属要员近藤重藏和林贞祐指挥长崎的唐通事对清商进行详细的询问，并将回答整理成书。这种笔录的形式使得《清俗纪闻》不仅仅是一部单纯的民俗记录，更是中国与日本文化交流的见证。

在重编时，我们对其内容进行了挑拣，删去了对现今生活意义不大的内容，将原书前十二卷编入正文，即为六册十二卷。

我们还对原书 600 幅民俗绘画进行了增添删减，并将部分图画与原文相结合，试图将内容讲述得更清晰、更具象化，将一卷丰富多彩的社会图景呈现在读者眼前，使其可以从中一窥清朝时中国庶民生活的方方面面。我们希望通过本书有限的篇幅的介绍，尽可能为大家还原清朝时的民生风俗与市井文化。

目录

【 册二 · 乐帙 】

卷二　居家

【 册 三 · 射峡 】

【册四·御帙】

卷六　生诞

卷七　冠礼

【 册五 · 书帙 】

卷九　宾客

【 册六·数帙 】

卷十二　祭礼

序一

　　我国与清国相隔甚远，土地不相连，广阔的海洋成为交流的阻隔，互不通使、难纳朝聘，各自形成独立的区域。因此两国风俗习惯各不相同，人们的生活方式也有所差异，那清国与我国有什么相干呢？然而，闽浙一带的人经常航海抵达长崎进行贸易交流，因为彼此互通有无的关系，国家也不禁止这种活动。朱明时代以来，这种情况一直延续下来，其间不可避免地出现了一些不法商人和欺诈行为，不能将其委托给普通官员去处理。因此，特别设有司来加以治理，也是不得已才如此。所以，承担这项职责的人必须了解对方国家的风俗习惯，深刻理解利害关系和真假虚实的所在，才能宣扬我国的政策并取得对方的认同，这是应该注意的事情。

　　不久前，飞驼守中川君子信任职长崎，利用业务之余，命令翻译人员调查对方国家的风俗习惯，进行详细的探讨和研究，整理成《清俗纪闻》一书。他亲自点校定稿，从节气的仪式、吉凶的礼仪、车服的规定、居住的法则，以及居室、饮食、物品、玩具和日常事务等微小的方面，详细列举了清国各地的习俗，部分进行分类归纳，收集整理得相当全面。此后驻守长崎的官员，只要注意阅读这本书，就可以避免彼此之间的误解和冲突，而所做的一切都能够切中要领，此书又怎可以说不过只是小有裨益而已呢？

子信是我的忘年交。他天资聪慧，苦读典籍，才华出众，必将有所作为。再看他编纂此书这等琐碎的事务，原本不需要称颂宣扬，只是他一丝不苟，要求必须深入根源，这样他对其他方面的治理就可以一并知晓了。难怪能有这样显赫的政绩和声望，短短两年时间里就有了连续的升迁。

说到处于大海西侧的国度，且不说唐尧、虞舜、夏商周三代，就是汉唐之世，制度文化之盛大，超出万国，四境之外的其他国度都来向它取法学习。然而现今，先王的礼制和文化风尚已经荡然无存，被留辫食肉的陋习所取代，已经沉沦到底。那个国家土地上的风俗习惯置之一旁无需关心是可以的。但子信留下这本著作，自有无可奈何之处。

我观察今天的权贵子弟，或者轻浮奢靡，追求异域的珍奇之物。即使是一件巧妙的物品，也要依赖船舶带来；即使是一桩奇事，也要仿效清人。然后自夸高雅精致，再没有比这更过分的了。唉，实在让人感慨。我担心这本书一旦问世，痴迷于好奇之癖的风气增长，轻浮之弊日益，这与子信的初衷相去甚远。

我为这本书写序给读者，不是要絮叨不停，别无选择罢了。

宽政十一年秋八月述斋林衡撰。

序二

中川君子信来到琼浦，利用他的空闲时间，命令翻译官去清商馆，询问那里的人们吉凶仪式、名称和占卜方法等民俗事宜，并要求侍史以国字记载下来，又命令画师一一绘制图案，编排成书，名为《清俗纪闻》，分为六卷，十三部。

国家依托于天地而有所建立，日月运行的常理行于四海之间普遍适用，那么为何要以华夏为贵而视蛮夷为贱呢？然而，中国必定视为尊贵的原因，在于乃是承载着三代盛世的王朝，其礼乐文章之瑰丽，其他万国无法企及。而今编纂的这部清国风俗之书，只有十分之二三为华夏风俗，似乎不足以被视为珍贵。然而，尧舜禹的风尚和遗风一直延续到了汉唐宋明时期，也并非完全荡然无存。此外，来到琼浦的清商大多为三吴之地的人，他们所描述的也多是三吴的风俗。这些一直保持不变的家族传统从六朝开始，也可以从这部编纂中看到一些影子。

在古时候，我国兴盛之时，曾派遣留学之人乘船到唐国，将始自三代圣王的礼乐文化带回来。那么，如今我国民间通行的礼俗，与彼国受夷族影响而依然存在不变之习俗，是有共同所在的。有志于宣扬道理、矫正世俗的人，可以相互交流、取长补短，这样的举动对于社会教化可能也有一定的补益。我们不能闲坐着嘲笑或漠视它。不久前印书商请求将此书刊印并公开发行，子信命我题写一文于书首。

宽政乙未年秋季九月，黑泽惟直撰。

序三

中川使君在长崎就职，在施政、体察民情上勤勉劳累。偶尔有闲暇之日，就派遣数名翻译与画工前往商馆，向客居的清人咨询其民间行为、礼节、名物等事项，随即进行记录和绘图。一年过去，反复来回数百次，使君亲自挑选整理，按次序编辑，成十三部，合为一书。

最初清客接受询问时，私下告诉翻译说："我们这些小民，生长在闽浙，所能诵读的只是闽浙的习俗，所了解的名物也只限于闽浙。至于清国的广阔无边，各地风俗不同，名物也不同，我们又怎么可能将这些地方说得清呢？北京、盛京之间的民俗和名物，是纯正的满族风格。而西南地区或者留存大量满族之风而少量汉族之俗。只有闽浙，存汉族之文化多、满族之文化弱，能用来观察唐宋时期的遗风。所以明府今日所询问的，并不需要考虑其他地方，我们也无法做到。"

可以说使君此举有两个意图。

西部边界长崎的政务，没有比商贸更重要的。清朝来的客商，就好像我们的子民一样。如果不能审察他们的风俗，了解他们的喜好，体察他们的虚实，就无法治理他们。这部书完成后，来此地担任官员和小吏的人，都将知道该如何去行动。这是第一点。

习诵法令和研究圣贤的事业，无论是广博还是精深，无论细微或是宏大，都不能不参考后世的民俗、名称和物品。而且，这些民间琐碎之事没有详细载述，也是一大缺憾。这部书完成后，后来的学者们从如此繁复的记录中有些许获得，这是第二点。

来到我们这里的清朝人居住地点各不相同，但来自闽浙之地的人实际上占了十分之九。对于官员来说，了解闽浙就已经足够了。而对于学者们来说，他们所要了解的民俗、名称和物品，载入经典之中的关切部分在唐宋两代，那么，他们所要了解之地，也主要集中在闽浙地区。纯粹满族习俗、大多数为满族习俗的地方，对于我们来说，也没有什么可取的有益之处。如此看来，使君今天的追求实际上无法超越这个范围，而清人的介绍无法延及其他地区，也没什么损失。

宽政戊午七月初一，蕉园处士津国中井曾弘在江都锦林客舍撰序。

册一

礼帙

卷一　年中行事

年初

○ 京城官员拜贺

中川君子信之尹琼浦，敷化之暇，命译吏就清商于馆，问彼民俗吉凶之仪节及其名称度数，即使侍史国字记之，又命画师一一图之，编次成书，名曰《清俗纪闻》。为卷六，分部十三。

夫国于天地而有与立焉，日月彝伦推诸四海而无所不准，则奚必华贵而夷贱哉。然必推中国而华之以贵之者，以其三代圣王之所国，而礼乐文章非万国所能及也。

而今斯编所载清国风俗，以夏变于夷者，十居二三，则似不足以贵重。然三代圣王之流风余泽延及于汉唐宋明者，亦未可谓荡然扫地也。又清商之来琼浦者，多系三吴之人，则其所说，亦多系三吴之风俗，乃六朝以来故家遗俗确守不变者，就斯编亦可见其仿佛也。

我东方古昔盛时，聘唐之舶留学之员传乎彼而存乎此者，乃皆三代圣王之礼乐。则今日民间通行礼俗有不与彼变于夷者同也。有志于讲理正俗者，彼此相质而折其衷，则中君之此举未必无补于世教也。岂可以余闲笑玩视之哉。顷剞劂氏请而公诸世，君俾予题其首。

春帖佣书
选自《龢丰协象图》册 （清）黄钺 收藏于中国台北故宫博物院

○ 地方官员拜贺

外地的官员，也会在正月初一穿着朝服，由皂隶、行牌、凉伞、旗等开路，带领随从多人，前往当地的寺庙参拜当今皇帝的龙牌。龙牌是一块木制的肃穆牌位，上面写有"天子万岁万万岁"的字样，摆放在寺庙的主佛像前，并没有专门为龙牌而建造龛阁。根据级别不同，官员们的排列顺序也有所不同，但具体情况并不清楚。官员们到达寺庙时，寺庙的住持会带着执事僧人在门口迎接他们。寺庙会根据到访者身份的不同，也会有只由执事僧人接待的情况。参拜结束后，知府、知县等官员会手持名帖，名帖是全帖，跟之前的全帖是一样的。到上级官员的衙门去拜年。他们穿着朝服的时间也是一直持续到正月初七。

○ 家庭拜贺

正月初一，官员和普通百姓都要穿戴整齐，向天地行礼。普通百姓也要礼拜天地，这是自古以来的传统，据传是为了感谢天地的恩惠。家中的仆人也要穿上新衣服去参拜主人，但不允许穿外套。然后，人们去家族祠堂中参拜家族的神主牌位，并参拜父母。家族祠堂里的供品包括青花灯烛，以及盛放在陶瓷碗、碟、盅等器皿中的年糕、点心、茶、饭、酒、橘子、菱子、龙眼肉等。拜祭后，人们沿着喜神所在方向离去，喜神所在方向是指吉祥的方向。然后再到寺庙里去拜神。虽然寺庙里备有香烛，但人们大多会自备香烛。由于寺庙通常不放置供香客使用的洗手用具，因此人们常在家里洗完手后再前往寺庙。但如果需要用水，也可以向寺庙求用。

卖对联
选自《清国京城市景风俗图》
册 （清）佚名 收藏于法国
国家图书馆

○ 试毫

在新年到来之际，人们通常会用红纸写上吉祥的话语来庆祝新的一年到来。为了方便起见，新春用品会在除夕之前准备齐全。总的来说，人们新年吃素食的较多，因为一年的开始需要格外小心谨慎。

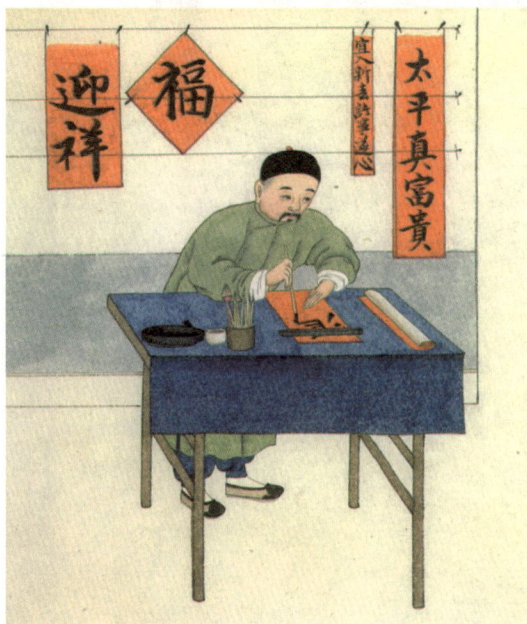

写春联
选自《街头各行业人物》
清代外销画 （清）佚名
收藏于英国大英图书馆

○ 春酒

在初三前后，各家开始相互邀请亲朋好友来喝春酒或新年禧酒。根据身份地位不同，各家的酒宴和菜肴也有很大的差别，但并没有固定的菜谱。喝春酒的请帖通常在酒宴前一天送出，如果是宴请亲戚和同辈，则只需要使用不折叠的单帖。女性成员一般不参加这种酒宴，只会回娘家拜年。

拜年 选自《年节习俗考全图》 佚名

在正月初三之前，人们会持名帖到亲戚朋友家拜年，这些名帖是单张的红纸，上面写着贺词和姓名。普通朋友一般会在门口相互拜年，而亲戚和至交则会带来酒水和年糕等一起庆祝新年。有些地方还会在家里制作屠苏酒来招待客人，不过这种传统在江浙一带已经不流行了，因此屠苏酒的制作方法也已经不为人知。大户人家之间，主人常常会带着两三个随从，在正月十五之前相互拜年，如果路程较远则会坐轿或者骑马前往。对于空腹来拜年的客人，主人除了提供类似日本的火锅料理之类的暖锅外，还会用八碟小菜作为佐餐招待客人。

食品主要有：暖锅、绿豆面、鸡、鸭、肉丸、香菇、冬笋、火腿、海参、鱼翅。具体的吃法是将以上各种食物放入暖锅内煮沸后，趁热品尝。而八碟小菜则包括鱼、火腿、腌蛋、虾米、腌萝卜、煎排骨、青果和红枣。具体的待客暖锅和小菜等食品种类并没有固定的规定，可以根据情况增减。此外，也不用像日本那样在年初时吃杂煮汤一类的食品招待客人。

○ 商家开市

商店从正月初一开始摘掉招牌，只在店内进行买卖，等到指定的开市日时再正式挂出招牌。开市日这一天商家会设酒宴款待员工、其他有来往的商人，大家共同庆祝开市大吉。

船运人会选择一个适宜出行的日期登船出发，开始航运。

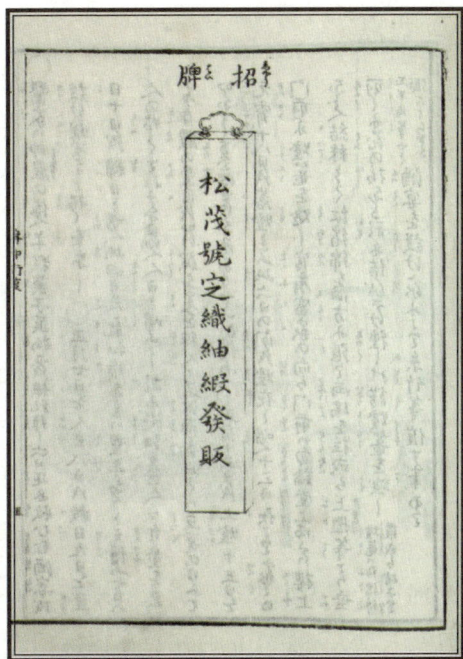

招牌

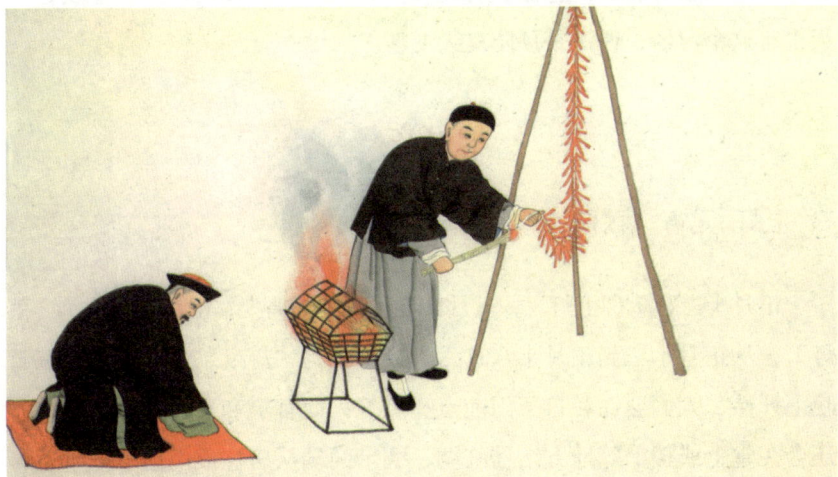

铺户开市
选自《街头各行业人物》清代外销画 （清）佚名 收藏于英国大英图书馆

○ 盘点

盘点货物被称为"盘账"，通常在开市前后进行，以核对去年的经营收入和存货数量。

○ 医家

医生们会在神农像前供奉年糕、点心和新鲜水果，直到正月初六才会撤下供品，结束祭祀。一般不设宴席招待亲友。

○ 人日

人们将正月初七称为人日，初八称为谷日，初九称为豆日，初十称为棉日。传说如果这四天天气晴朗，那么这一年将是丰收之年。据说正月初七是人类诞生的日子，所以被称为"人日"。在浙江一带，人们在这一天用秤来称自己的体重，称之为"称人"。在江南一带，立夏这一天也有这个习俗，说法是预防夏天变瘦。

灯夜

○ 上灯 元宵 落灯

正月十三称为"上灯"，正月十五称为"元宵"，正月十八称为"落灯"，从正月十三到正月十八这六天，被称为"灯夜"。从正月十三日晚上开始，人们会在各自家门前点亮灯笼，而官府和富户，除了门前，还会在堂上或楼上等地方结挂红绸，绸带两端从房柱或门窗上框垂下，结成花状。此外，人们还会点燃各种花样的灯笼，灯笼是用纱绢或者串珠、羊角等材料制成。同时摆设酒宴，有一些家庭会邀请丝竹乐队来演奏。

卖元宵
选自《清国京城市景风俗图》册 （清）佚名 收藏于法国国家图书馆

各种花灯
选自《中国建筑·民俗历史·神话人物·白描图》 佚名

菩提灯　　　　　　　　　排灯

○ 做戏 行灯 放夜

在灯夜期间，人们在街市中心的空地上搭起舞台唱戏，并到城中大道旁侧的大户人家居住之地，用竹竿在两侧房屋之间搭起灯棚，用布幔遮盖，并用麻绳悬挂着各种彩灯。此外，年轻人还在街上舞弄龙灯、马灯、狮子灯等，以及各种鱼鸟造型的行灯，这些行灯用竹条扎成骨架，用纸糊成形，彩绘外表，内部点燃数支蜡烛。人们敲锣打鼓，高举着灯笼，沿着各条街道舞弄。并根据自己的兴趣爱好，选择各种穿着打扮。其中，龙灯长达四五间，灯内点燃着数十支蜡烛，由数人高举着舞动。在上述多种行灯中，还有特意到挚友和富人家门前舞弄的，这时该户人家会提供美食，并赠予金钱。

舞龙灯
选自《年节习俗考全图》 佚名

花灯

选自《升平乐事图》册 （清）佚名 收藏于中国台北故宫博物院

白象花灯

花篮灯

鹿灯

花烛鹤灯

大花灯

○ 供祖像

若家中有祖先画像,自除夕之夜起,主人将其悬挂于堂上,并于初一至初三供奉供品。正月十五也需上供,在落灯之日才撤下画像。

朔望

每月的初一和十五,天子会前往便殿,京城中的官员也会身穿朝服前往便殿朝拜。而外地官员则会前往当地寺庙参拜龙牌。除了年初之外,没有关于普通百姓在朔望五节互相拜贺的定例。

皇帝圣诞三大节礼

皇帝生日当天,京城中大小的官员与年初一样身穿朝服进宫朝贺。而外地官员则会前往寺庙参拜龙牌。元旦、冬至和皇帝生日被称为三大节礼。

国忌

每月国忌之日,也就是自太祖高皇帝以来,各代皇帝和皇后的忌日。当天,各衙门会关闭大门,在门前摆放桌子,上面放着写有某位皇帝或皇后忌日的牌位。大小官员会穿上丧服,当天不处理政事,同时禁止民间演戏和使用锣鼓等敲击乐器。

祖祭

每月初一和十五,人们会向祖先的神位献上香烛、点心等供品来祭拜。例如,在已故的太祖父母、祖父母和父母冥寿那天,他们会在厅堂上悬挂其画像，供奉香烛、三种牲畜（通常是鸡肉、羊肉和猪肉，但现在已改为鸡肉、鱼肉和猪肉），进行祭拜。

三官诞辰

正月十五是天官的诞辰，七月十五是地官的诞辰，十月十五是水官的诞辰。这三位神官被尊称为三官菩萨。每逢他们的诞辰，人们会前往寺庙祈祷。由于天官可以赐福、地官可以赦罪、水官可以祛除火灾，因此也有迎一位神官在家中供奉祭奠的。

迓福

每月的初二和十六，人们会祭祀五路财神，其中以赵玄坛为主神，配以招财、招宝、利市、纳珍四神。这被称为"迓福"。家家户户会供奉"三牲"、香烛，或者前往神庙参拜。因为这些神祇掌管财富，所以商人们特别信奉他们。

五路财神

春天游戏

○ 纸鸢 风筝 见踢

在正月、二月、三月间，孩子们会放飞纸鸢。纸鸢，又称鹞子，有人形、蝴蝶、鱼、鸟等各种形状，大小不一。风筝的制作，是将竹条弯成弓形，用宽二三分的纶子、纱绫等细条作为弦，绑在纸鸢头上。由于放起来后会被风吹响，因此得名风筝。

孩子们还会在钱孔中插入三五根鸡毛，并用绸绢包扎住，即成"见踢"，用脚踢它来嬉戏。

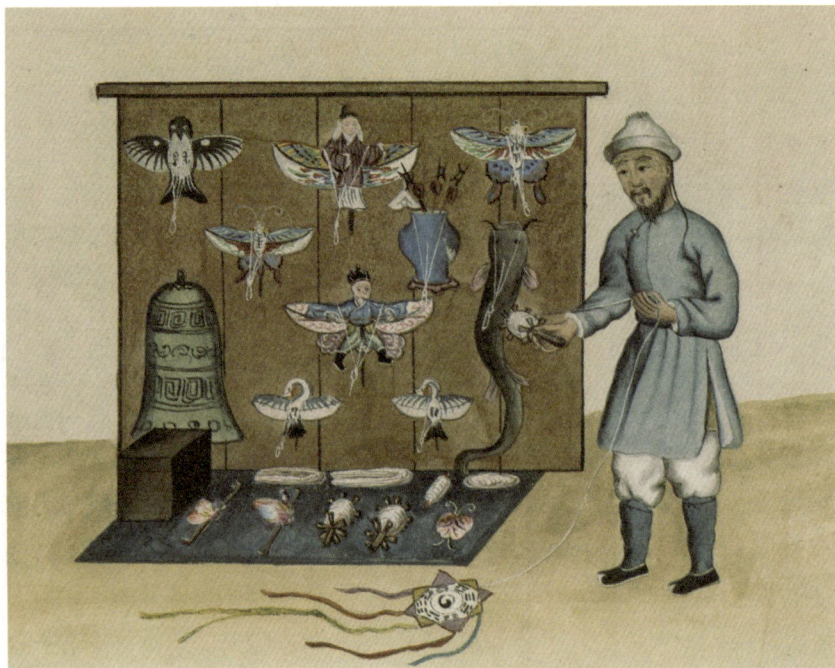

卖风筝
选自《清国京城市景风俗图》册 （清）佚名 收藏于法国国家图书馆

土地神生日

二月初二是土地神的生日，每家每户都会摆上香烛供品来供奉土地神，还有一些人会去土地神庙朝拜。神庙前也会搭建戏台演戏。

释菜祭

在二月上旬的丁日，各州府县的官员都在当地的圣庙里举行释菜祭礼，但不允许普通百姓参加。

花朝

二月十二是百花的生日，又叫花朝，在全国各省建造的花神庙中都会举办祭祀仪式，供人们参拜。此外，在有花园的地方，人们会在庭院中摆放桌子，供奉糕点和新鲜水果来祭祀花神。花神总共有十三位，每个月都有不同的花神代表。正月花神手持梅花，二月花神手持杏花，三月花神手持桃花，四月花神手持蔷薇花，五月花神手持榴花，六月花神手持荷花，七月花神手持秋海棠，八月花神手持桂花，九月花神手持菊花，十月花神手持芙蓉，十一月花神手持山茶花，十二月花神手持蜡梅，闰月花神手持牡丹花。不过，关于花神像的安置方式并不清楚。

这一天，人们会把平时积攒的裁衣剩余各色布料小块绑在园中的树枝上。据说这样做可以让花儿更美丽，果实更丰盈。

观音诞辰

观音菩萨的生日是在二月十九日。由于她是备受人们虔诚信仰的菩萨，许多人会自带香烛前往寺庙祈福膜拜。

上巳

在上巳日这一天，每家每户都会在门口、灶台上、床上等地放置荠菜花，相传这样能够防止蚂蚁入侵。

清明

○ 清明插柳

在三月清明节这一天，每家每户都会在门窗上插柳枝，相传这样能够避免生各种虫子。

○ 扫墓

每年三月清明节，人们无论地位高低都会前往祖先墓前扫墓，另称扫祭。他们在桌子上摆放"三牲"、盛放器皿之中的点心果物等供品，燃香烛，浇奠酒，并焚烧冥衣和大金。冥衣是画了衣服的纸张，大金是贴有金箔的纸张，目的都是给鬼魂馈赠衣服和金银。祭拜后，人们会将供品带到附近的荒野，有祠堂的人则会带到祠堂，并顺便举行宴会。在杭州一带，还有前往西湖泛舟游玩的人。此时，官员也不穿着朝服。人们可以随意乘用轿子或骑马，随从的人数根据贫富贵贱情况而不一样。在扫墓时，家庭成员通常不带女眷。但初嫁的女子，当年必须去婆家墓地参拜，自次年起则可不必去墓地参拜。这些情况在京城和外地都一样。儒生也不例外，这一天都会到家庙上供，祭奠仪式与年初是一样的。

扫墓　选自《年节习俗考全图》　佚名

○ 请城隍庙神像 祀孤

在清明节期间，各个州县奉皇命都要用轿子请出该地城隍庙中的神像。自古以来，逝世的知府、知县等官员如果有政绩，逝世后降下敕命，奉为该地守护神，并建造庙宇来安置他们的神像，因为这些庙宇都是在城墙与护城河之间，所以被称为城隍庙。不同地方的城隍庙有不同的传说。这些神像是木制的，头部和手脚都可以活动，衣服和冠帽的装饰则按照该人在世时的品级来装饰。请神像活动开始时，前面有人敲锣开道，然后是人高举着两对行牌，其次是排列着数面旗帜、一把凉伞和数根銮驾。行牌是由涂漆木板制成的，长约二尺五寸，宽约一尺七寸，下面有约三尺长的柄。都刻着金字，前面的一对上面刻有"奉旨祭祀"四字，后面的一对刻有"城隍使司"字样。銮驾则是锡制的枪、戟、斧等物。乐手在轿子后面吹奏着鼓乐。最后，这些神像会被相关人员送到郊外为祭祀孤魂而建的庙坛中，放在椅子上，如果没有建设庙坛，人们就会临时搭建草棚，等祭祀结束后再拆除。神像前的桌子上摆放"三牲"作为供品，祭祀已经没有后代子孙祭拜的亡灵，这叫做"祀孤"。本官及各级官员行礼后，其他人员跟随参拜。

城隍负责管理亡灵，所以被称为阴官；而知府、知县则负责治理生民，所以被称为阳官。城隍祭祀的仪仗格式，在州一级按照知府的标准，县一级按照知县的标准。

赵玄坛生日

三月十五日是赵玄坛的诞辰，家家户户都会像每月迎接五路财神时一样祭拜他，祈求福祉。同时，也有人会前往神庙参拜他。

赵玄坛原本是殷商时期的总兵，年少时曾在深山修习仙术，拥有多种神奇的能力，深受人们的尊敬。他在周武王伐纣时死去，上天感慨他的品德，便封他为职掌钱财的神仙，因此商人们特别崇奉他。

天后诞辰

三月二十三日是天后圣母的诞辰，人们会在这一天祭拜她，另外，每年春秋的二月和八月上旬癸日也会为她举办祭祀仪式。逢三次祭祀之时，庙前演戏，众人也会去寺庙祭拜她。由于天后圣母是船神，走海运的人都特别信奉她，很多人会在家中的厅堂或者外间洁净的地方供奉她的神像，并摆上香烛、点心、鲜果等供品祭祀。

立夏

○ 换帽

立夏前后是更换帽子的时节。朝廷会在此之前向各州县发布"某月某日更换凉帽"的旨意。各地的官员们会将上述宣旨的内容写在木板上，挂在衙门门口，人们看到后会在这一天更换凉帽。九月寒露前后，朝廷也会发布同样的更换暖帽的旨意。衣服可以根据季节气候任意穿着，因此不需要朝廷的宣旨。而袜子则四季必须穿着。

○ 五节谢仪

每逢立夏、端午、中秋、冬至和岁暮这五个节日时，人们会向书塾老师和医生等人馈赠金银绸帛等礼物，以示感谢。但是也有人只在端午、中秋和岁暮这三个节日进行馈赠。当向书塾老师馈赠谢礼时，人们将一定数量的元丝银包裹在白纸中，再放入红纸袋内，贴上一小长条红纸，上面端正写上"代仪"或"谢仪"二字，下面写上老师姓名。如果是圆银，则在袋内的白纸包写上"元"字；如果是碎银，则写上"星"字，但不写重量，只记上多少块银子。这个时候不需要使用名片，只需将礼物放入拜匣中送给老师即可。给医生的谢礼，金额则会根据疾病的严重程度和家庭贫富情况有所不同。

吕洞宾诞辰和神农诞辰

四月十四日是吕洞宾的诞辰，他也被尊称为吕纯阳先师。四月二十八日是神农的诞辰。在这两天里，医生们会挂起吕洞宾和神农的画像，并供奉"三牲"、点心、鲜果等供品进行祭祀。他们还会设酒席宴请亲朋好友。

结算

各个州县都会在每年五月初一至初五、八月十一日至十五、十二月十五日左右至月底夜里，对金银借贷、赊账等财务事宜进行清点结算。在上述三个日期之前，债权人告知对方所欠的款项金额，并在到期日去要债。通知欠款人到期日应该归还的款项称为"送账"。等欠债人还清账款后，债主注销欠据，并将欠条送还。

端午

○ 粽子、雄黄酒

五月五日是端午节，家家户户都会包粽子。粽子又称角黍。制作粽子的方法是先将苇叶在草木灰水中浸泡，再将糯米放在泡过的苇叶上包成三角形，最后再用麻皮捆扎后煮熟。同时，人们还会将雄黄和菖蒲根研成细末，掺入酒中，在午时饮用。此外，人们会用细线穿上少许大黄、大蒜和菖蒲根系在幼儿的身上，并且用雄黄拌酒涂抹在其面部，以避免邪气侵袭。有些人会将这种药酒含在口中，再喷吹到房间的各个角落，以防止滋生毒虫。

裹角黍
选自《端阳故事图》册
（清）徐扬
收藏于北京故宫博物院

悬艾人
选自《端阳故事图》册
（清）徐扬
收藏于北京故宫博物院

○ 健符除邪

女性用绫绢、丝绒制作小人、老虎、蜈蚣、蛇等造型的发簪，插在头上，称之为"健符"。当天，人们在厅堂挂上钟馗、关帝的画像，画像前供奉着插有菖蒲和艾叶的花瓶，门的左右两侧也插着根部包裹着红纸的菖蒲和艾叶。另外，还用红纸书写以下文字："五月五日午时书，赤口白蛇尽消灭；菖蒲如剑斩八方妖邪，艾叶如旗招四时吉庆。"将其张贴在门外。这些都是为了祛除邪气。

○ 采药草

五月五日，人们还会去山野采集草药，并按照传统方法加工后储存。在平时也有人会这样做。

采药草
选自《端阳故事图》册
（清）徐扬　收藏于北京故宫博物院

○ 三节礼

在端午节当天，亲戚之间会将粽子、鱼肉、咸蛋，时令鲜果如枇杷、梅子等，放在木盘中相互馈赠。在八月和十二月也会举行这种仪式，这被称为三节礼。每次馈赠都用四种或六种礼品，而不凑单数。

○ 龙船

从五月初一到初六，人们会在江河湖泊处浮放数艘龙船，并举行划龙船比赛。这些龙船的船首和船尾都是龙头龙尾的形状，船身上画满了龙鳞，并且都涂上了彩色，看起来就像是一条条龙在水面上游动。船的前部有一个牌楼，叫做"龙门"，上面竖起凉伞，四根柱子上插着旗帜。船的后部有两层平台，平台中央竖立着凉伞，四周竖插几杆旗帜。平台的后面还有一个亭子，亭子上也有凉伞。亭子的两侧有栏杆，上面也竖插着几根旗帜。船后的龙尾上斜插着一根大旗，这就成了一艘艘被各种装饰点缀的龙船。旗帜和凉

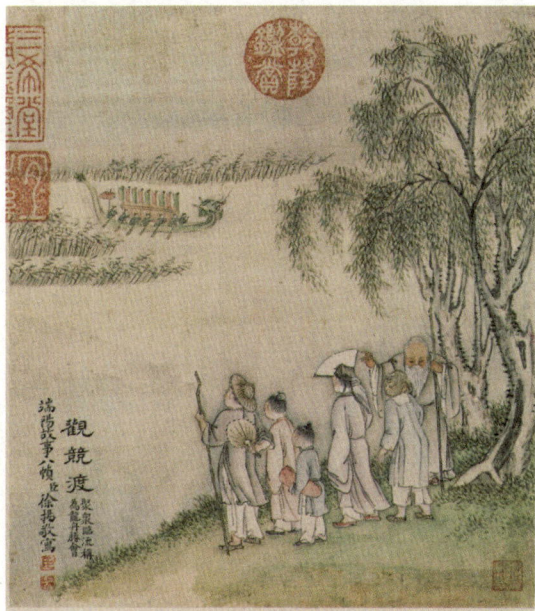

观竞渡
选自《端阳故事图》册 （清）徐扬 收藏于北京故宫博物院

伞都是用猩红、明亮的缎子、锦缎等材料缝制而成，非常美丽。如果下雨，就会使用油旗。油旗是用桐油浸涂纱绫锦缎制成的。

龙舟竞渡　选自《年节习俗考全图》　佚名

每艘龙舟上可坐二十多个人。在亭子里有两三个人手执关刀，而台下则有六七人敲锣打鼓、吹奏乐器。舵是用木板制成的青龙刀形状，因此称为关刀。船上负责掌控船只进退的十多个人，分列在船的左右两舷划桨，竞相使龙船迅速前进。围观的人们可以向水上投放鸭子，或将若干写上自己名字的赏银放入酒壶中，封上口后放入水中，龙船上的人互相比赛，夺到鸭子或赏银的人获胜。

○ 关帝归天

五月十三日是为了纪念关圣帝升天而设立的祭日。每年春秋的二月和八月上旬戊日，各处神庙都会举办祭祀仪式。由于关帝是众人都信奉的神明，所以各家也会在神像前献上香烛、"三牲"等供品，以表达对神灵的崇敬。

关帝像　佚名

○ 竹醉日

五月十三日这一天也被称为竹醉日，相传在这一天种植竹子能够使其根深叶茂。

梅雨除湿

在梅雨时节，人们会焚烧苍术来驱散湿气，并在书房中焚烧芸香来防治书籍生蛀虫。

六月六日

六月六日这一天如果天气晴朗，人们会晾晒书籍、衣服。

○ 制作酱油

六月六日这一天人们会腌制酱油。但是也不仅限于这一天腌制，在三伏天期间，也有人会在天气晴朗的日子里制作酱油。

○ 防治冻疮

在炎热的六月，人们会将大蒜捣碎涂抹在冬天易生冻疮的部位，或将日晒后的瓦片热敷在该部位，可以预防当年冬天生冻疮。

○ 暑期卖冰 贮冰法

在炎热的暑夏，有人贩卖冰块。这些冰块可以用来冷藏鱼类、新鲜水果，也可以装在盆中赏玩。此外，由于长途运输鱼类时可以用冰防止损坏，所以鱼贩每天购买一两百斤冰来保鲜鱼类。每斤冰的价格为三四文。

巧日乞巧

每年的七月七日被称为"巧日"，人们会在露台上摆放桌子，露台是在楼前接出来的台架，三面有栏杆但是没有屋顶。小户人家没有露台，就在院中摆放供品。供品通常包括七种点心和鲜果，没有固定的规矩。此外，人们会向牵牛星、织女星供奉七根针和七条线。少女们通常在深夜参拜二星，并把线穿入供奉的针上，称为"穿针乞巧"。

七月乞巧　选自《雍正十二月行乐图》（局部）（清）郎世宁　收藏于北京故宫博物院

乞巧奠

○ 巧果

七月七日，各家各户会用面糊包裹菊叶、菱子、茄子、兰花豆，用油炸后制成一种食品，称为"巧果"。兰花豆是经过浸泡去皮的蚕豆，切成四瓣，油炸后呈现出兰花的形状。

○ 接祖先

七月十二日晚上，人们会迎接祖先灵魂的到来。他们在厅堂摆上供桌，桌上供奉着香花、灯烛和茶汤，进行祭拜，这被称为"接祖先"。从七月十三日到十五日，人们每天都会更换供品，包括新茶、酒、饭、鱼、鸡、豆腐，以及其他时令的水果蔬菜。有些地方会一直供奉到七月十七日晚上。

在江南地区，人们只在七月十五日当天祭祀，供奉的物品都是一样的。

处于三年守丧期的家庭，从七月十二日开始会请僧侣诵经一天或多天。

一些富贵之家也会请僧侣到家中举办祭祀活动。

○ 中元祀孤

在中元节时，人们会请出城隍庙里供奉的阴间官吏神像，祭拜孤魂野鬼。祭拜仪式跟清明节是一样的。

中元思亲
选自《年节习俗考全图》 佚名

○ 地藏诞辰

农历七月三十日，如果逢小月就是七月二十九日，传说这一天是地藏菩萨的诞辰。人们会前往地藏庙参拜。到了夜晚，家家户户都会在门前摆放桌子，烧香礼拜，并按照每人两只蜡烛的标准，根据家中人数放置相应数量的蜡烛，例如十口人的家庭就会放置二十支蜡烛，将这些数量的蜡烛用竹签插起，排列在地上点燃，这就是所谓的"地灯"。

点地灯
选自《街头各行业人物》清代外销画 （清）佚名 收藏于英国大英图书馆

○ 灶神诞辰

八月三日是灶神的生日，家家户户都会供奉香烛和米粉做成的糕点，并在盘中供奉二三十个圆糕。

中秋月宫诞日

○ 赏月

据传，八月十五日是月宫的诞辰。家家户户会在露台上设席，供奉着斗香、月饼以及西瓜、梨子、柿子等圆形新鲜水果。全家人聚在一起，共赏明月，举办酒宴。在一种斗升状的小香炉里面放灰，插上线香，这就是斗香。

中秋赏月
选自《年节习俗考全图》 佚名

○ 中秋佳节

这一天是中秋佳节，亲戚之间会互赠月饼、鱼肉、梨、栗和柿子等食品。

○ 中秋天气

传说如果在八月十五日晚上下雨，那么次年的正月初一会是晴天。如果八月十五是晴天，那么次年的元旦将会下雨。还有句谚语叫："云掩中秋月，雨打上元灯。"

八月赏月 ▶
选自《雍正十二月行乐图》（局部） （清）郎世宁 收藏于北京故宫博物院

潮生日

　　每年的八月十八日称为"潮生日"。在临海地区的平潮时刻，人们会在海滨摆桌设祭，献上香烛和猪羊肉，还有三爵酒。当地官员会带着下属官吏和随从前往，面朝大海跪拜，行二跪六叩首礼，行礼结束后撤下供品。

潮生日官祭

重阳

○ 登高　天后庙做戏谢神

　　每年的九月九日为重阳节。人们会约上朋友，带上酒水和食物，一起登高赏景，品尝美食，吟诗作赋，弹奏丝竹，整日玩乐，这被称为"登高"。人们在有菊花的地方赏菊，颇有采菊东篱的遗风。不同的地方也有不同的庆祝方式，比如有的地方会到天后庙前搭戏台表演戏曲以感谢神明恩赐。

九月赏菊
选自《雍正十二月行乐图》（局部）　（清）郎世宁　收藏于北京故宫博物院

○ **栗糕 登糕**

九月九日，家家户户都用米粉做皮，用碎栗做馅，制作栗糕，大小二三寸。将其煮熟后吃。此外，人们也会只用米粉做成糕，大小一寸余。人们把三四十个糕摆放在盘中，上面插上十根五色小旗，供奉灶神，称之为"登糕"。

十月朝

十月初一被称为十月朝，人们会前往祖先墓前敬献香烛和祭品，进行拜祭。与清明祭祀不同的是，不是每家每户都会前去墓地祭拜，而且祭品也没那么齐全。但是，家家户户都会在家庙中上供祭祀。

○ **鬼节 人节**

在十月初一这天，在城隍庙中同样也会举行孤魂祭祀仪式。清明节、中元节加上此日，这三天被称为"鬼节"，是祭祀亡灵的日子；而元旦、中秋节和冬至这三个节日则被称为"人节"。

○ **冬至**

十一月冬至节这一天，京城中的大小官员与年初一样，都会穿着朝服进宫朝贺。外地官员也会到当地的寺庙参拜龙牌。由于是"一阳来复"的节日，因此家家户户都会设酒宴庆祝。不论贵贱，人们都吃团子。团子又叫团圆，是用糯米粉做皮，砂糖做馅，团成拇指大小，用白水煮着吃。还有一种没有馅的小团子，放在糖水里煮熟吃。

○ 孔子诞辰

十一月初四是孔夫子的诞辰。有些人家会在堂上悬挂孔夫子的圣像，用香烛上供礼拜，但没有"三牲"等供品。

○ 腊八

十二月初八称为腊八节。各个寺庙会煮果粥馈赠施主。果粥又叫腊八粥，在米中加入龙眼肉、栗、枣、茨菰、荸荠等食物煮成，有的人也会在自己家中煮食。

○ 谢神

十二月十五日之后，家家户户会向六神和自己供奉的神明供奉"三牲"和新鲜果子，以此来感谢神明一年以来的守护之恩，这被称为"谢神"。六神包括赵玄坛、土地、青龙、利市、招财、和合，但其中的青龙和利市等四位神明的起源并不清楚。

六神

○ 爆竹

从十二月十五日前后一直到次年正月中旬，家家户户会按照放爆竹的遗俗，购买厚纸，制成三四寸长的响炮或者六七寸长的花炮，也有人在家里自制爆竹。

放爆竹
选自《清国京城市景风俗图》册
（清）佚名
收藏于法国国家图书馆

等到夜间人们会在门前、后院和庭院中燃放烟花爆竹。平时也有人会燃放花炮，目的是为了祛除邪气。

○ 年糕

从十二月二十日前后到十二月二十五六日之间，家家户户都会制作年糕。他们在蒸过的糯米粉里加糖，放入圆形蒸笼中蒸制成圆形，可以原样食用，也可以切成大小不同的三到四块，或制成金锭形状食用。年糕不仅仅限于寒冷季节制作，其他季节也可以制作。

○ 扫尘

十二月二十日前后开始，人们会选择吉日打扫房屋，称为"扫尘"或"打扫"。不过，也有些人家会在固定的日期进行扫尘，而不一定选择吉日打扫。

○ 灶神上天日

　　每年的十二月二十四日是灶神上天的日子，家家户户会用香烛、豆腐、点心等物品供奉，礼拜送神。到了正月元旦，也会用同样的供品来迎接神灵归来。

黄羊祀灶
选自《酥丰协象图》册　（清）黄钺　收藏于中国台北故宫博物院

据记载，汉宣帝统治时期，南阳地区有一位名叫阴子方的人。有一年的腊月早晨，他准备煮饭时，灶神显现在他面前。于是，他宰杀了一只黄羊，作为祭祀之物。自那时起，阴子方的家庭变得富裕，后代子孙也繁荣昌盛。另有传说，灶神会在农历腊月二十三（或二十四）升天，向玉皇大帝报告人间的善恶情况。因此，民间会摆放丰盛的祭品，贴上灶马，用酒糟涂抹灶门。后来，黄羊祭灶成为了一种习俗。这幅画描绘了乡村在腊月祭灶的场景。

岁暮

十二月二十四日开始，人们会向亲戚赠送年糕、鱼、肉、海参、鱼翅、胡桃、柿饼、橘子、橄榄、龙眼等食品，作为一岁将终时的礼物。

送喜盒
选自《清国京城市景风俗图》
册 （清）佚名 收藏于法国
国家图书馆

○ 押岁钱

如果近亲中有十岁左右的孩子，从十二月二十七日起，人们会相互赠送年糕、橄榄、胡桃、龙眼、橘子、银子等礼品，这被称为"押岁钱"。大户人家会赠送两锭或者四锭银锭，不能送单数。小户人家则赠送一两百文铜钱。

如果在岁末没有送礼，也可以在年初送。对于来送礼的使者，主人应该给赏钱，方式是以红纸包裹上银子或铜钱，上写"尊使"或"代茶"等字样，如此相赠。

○ 寺庙之礼

在十二月二十七日前后，寺庙会向施主和要好人士赠送蔬菜和自制点心，并配以寺庙里制作的梅花盆栽，或折下枝条，作为礼物。由于受礼者通常都是富人，他们会以相应厚重的银子为回礼，而小户人家也会回赠一定数量的钱财。

除夕

○ 桃符 欢乐纸 神像

在除夕之夜，官府和大户人家会挂上一对楹联式样的桃符。桃符是在一对木板上面绘制彩色的龙虎、朝官、桃柳、"平升三级"的图案。绘龙虎之处也有绘为龙、熊图案的。人们将桃符挂在门的左右两侧，以祛除邪气。

官府大户会提前在涂漆门扇上绘制神荼和郁垒两位神明的彩色像。而普通人家则会购买版印的神像或者用红纸书写神的名字，贴在左右门扇上。

欢乐纸

普通百姓会贴欢乐纸。欢乐纸是一张长三尺余、宽一尺余的红纸，上面贴有金箔制作的福字，下面四周边角都雕刻成花边，中间则雕刻各种花纹，再贴上绸缎。上面多为指日高升、加官进爵、福自天来、平升三级、天官赐福等吉利图案。每张纸上只贴一幅图案，五张纸为一套，贴在堂屋正面门上方横木上。

除夕谢年

选自《年节习俗考全图》 佚名

无论贵贱，人们都会在房屋正面的柱子等地方写下吉利的话语，如迎福招庆、如意，等等。

○ 分岁

在除夕之夜，全家人聚在一起举行宴会，共同庆祝年终的到来。主人会给全家以及所有的仆人奴婢赏赐银子或铜钱，这被称为"分岁"。赏赐的银钱都用白纸包裹，再贴上小红纸，类似于日本在礼物上贴的纹纸。如果赏赐的是银子，数额为一二钱，如果是铜钱，数额则在一两百文之间。大户、小户具体数额不同。

里间馈岁
选自《龢丰协象图》册 （清）黄钺 收藏于中国台北故宫博物院

○ 万年粮

在除夕之夜，有一种叫做"万年粮"的风俗。人们用两个淘箩分别盛入米和饭，插上松柏树枝，还会放置橘子和菱子，摆放在室内。从初一开始，一直摆到初三。它的寓意是表示家庭有余粮，不缺吃穿用品。

○ 守岁

在除夕之夜，还有些人家会守岁，整晚不睡。

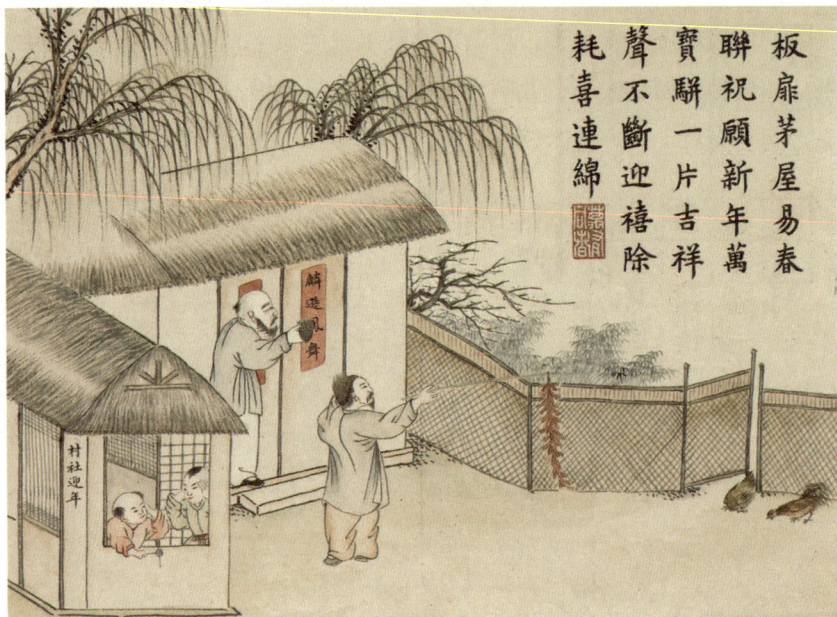

村社迎年
选自《豳丰协象图》册　（清）黄钺　收藏于中国台北故宫博物院

立春

○ 太岁 春牛 迎春 打牛

在立春的前一天，各府州县都会举办祭太岁、迎春的活动。他们制作太岁、春牛，分在不同台上，让太岁牵着春牛，送到城外。太岁也名芒神，就是以泥土制成太岁像，如七八岁小孩，身着神样衣装。春牛是用竹条扎成高三四尺的牛形，糊彩上色。同时制作一个五寸左右大小的小牛，放在大牛肚子里。

这一天，各地的官员们换衣，乘坐轿子，下属吏役则手持春花。春花为一尺左右的绢制梅花、桃花等枝条。一行出迎神像。吏役们敲打金鼓，举着凉伞，组成行进的队伍，在城外巡游，然后再把神像和春牛迎回城内，放在知府的府堂上，这个活动叫做"迎春"。如果在县城里举办这个仪式，就会放在县堂上。

第二天到了立春时刻，官员们会请出太岁和春牛，然后由差役们用竹棒鸣金敲鼓护送到庙里。等安放好太岁后，他们再用棍子敲打大牛，并从大牛的肚子里取出小牛，放在太岁的前面，以此表示来年能够风调雨顺，丰收吉祥。在送太岁去庙里的途中，街市中的孩子们会向春牛扔大豆，如果砸中了，据说能够减轻疱疮的病痛。

村社迎年
选自《豳丰协象图》册 （清）黄钺 收藏于中国台北故宫博物院

册二

乐帙

卷二　居家

居家之构造

　　各家的住宅虽然规模大小宽窄都不一样，但都是瓦顶，周围有用泥墙或板墙围着，正面设有大门。距离正门两三间的位置建有仪门。在仪门里面建有一间宽敞的房间，类似于日本的玄关风格，用于接待客人，称为"厅堂"，也叫"外厅"或"公堂"。有时主人会在厅堂两侧设空地种上树木，或在一侧建造书房等。在厅堂后面建造同样的房间，称为内厅。大户人家还会将其分成穿堂和内厅两间。也有家庭将书房设在内厅一侧，与内房联通建为同一栋的。有些家庭还会单独建造内房，并在后面建造厨房。

　　总的来说，柱子的形状一般为圆形或方形，但厅堂多采用圆柱。柱子下面有基石，基石也有圆形、方形、六角形等不同形状。墙壁由砖块和土砌成，厚约一尺，上面涂有白灰或根据个人喜好涂上黄土、红土等不同颜色和风格，没有固定的制式。房间内一般不铺设地板，而是用方形或龟甲形的瓦片铺设，称为铺砖。但有些人也会用厚木板代替砖块。内房、厨房等地方会用木板铺设地板，也有直接为土地的做法。

　　通行的路面一般为土路或铺设石板，称为"甬道"。

　　外墙的高度为六七尺至一丈。

大门

　　大门高度七八尺至一丈多，宽度与高度相当即可。大门上面铺着瓦片，两扇门向左右开启。柱子的形状有圆形或者方形，基座石的形状也各不相同。门扇上贴有神荼和郁垒神像。门上挂有匾额，柱子上贴有用红纸书写的楹联。匾额和楹联的字句没有固定格式。

　　大户、官府和富人家等在大门两侧设置的小门，称为"角门"。夜间关闭大门，从角门进出。如果没有角门，就开大门的一扇以供进出。

　　在大门稍微往内侧再设一扇门，称为"屏门"。为了不让外人看到宅院内部，屏门经常关闭，平时并不从屏门进出，只在高官贵人来访时，开启此门迎接和送行。

　　大门内侧建有耳房，住着看门人。耳房大小为二三间不等。雇用看门人只限于官府大户，平民并没有雇用看门人的情况。

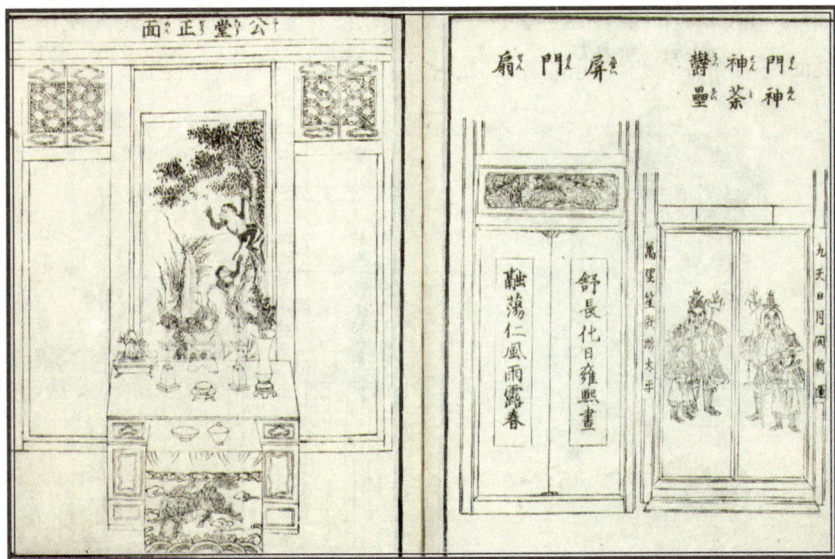

公堂正面　屏门扇　门神

仪门

官方建筑中设有仪门，位于距离大门内侧两三间的地方，其建筑风格和样式与大门相同，并经常关闭，不供出入使用。由于民居中不得设置仪门，因此会设置屏门，并在门扇上张贴楹联。但是，如果祖先曾经在官府任职，那么民居也可以设置仪门。

厅堂

尽管厅堂的大小不同，但它们都位于仪门内。厅堂的门扇有两扇或者四扇，具体数量和大小会根据门的宽度而有所不同。地面用砖铺设，而左右的壁柱下则垫有方形、圆形、六角形等不同形状的基石。

在厅堂的正中央，放置着一张高脚桌，桌后悬书画挂轴。厅堂上方悬挂匾额，两侧挂着楹联。桌子上放着香炉和花瓶，两侧则放着洋木、紫檀、紫竹等不同种类的椅子和杌子，以便有客来访时坐着聊天使用。正面的两侧各开约半间的出入口，设有双扇门，供随意进出。

厅堂
选自《中国建筑·民俗历史·神话人物·白描图》　佚名

内厅

内厅建在厅堂的后方，也有与厅堂连在一起的建法。内厅的建筑风格与厅堂相同，根据左右侧和对面的地形留出空地，或者种植树木、摆放盆栽花草，并在对面之间建造篱笆等设施，以保持清洁。为来访客人举办酒宴等活动多在内厅进行，但有时也在厅堂进行。

内厅　选自《中国建筑·民俗历史·神话人物·白描图》　佚名

书房

书房有时会和厅堂相连建造在一起，也有的在厅堂后方单独建造。书房的入口处装有双扇门，正面悬挂着书画。

书房

内房

　　内房是指女性的居室，通常位于房屋的最内部。入口处挂有布帘，晚上会将门从屋内锁好。在房间的一角摆放着床铺，旁边设有一房间，用来放置衣箱、金银箱、日用品和财物等物品，入口有门，并且经常被锁上。房间的另一侧则放置了桌子，上面摆放着女性平时使用的器具、针线盒、梳镜台等物品，桌子下面放置着椅子和机子。有些女性还会在墙上挂上帽架、三弦琵琶等物品。通往厕所的路上摆放着麻鞋。洗脸盆架上放有洗脸盆，并挂有手巾。

　　在内房的上方建楼层，作为女性的卧室使用。

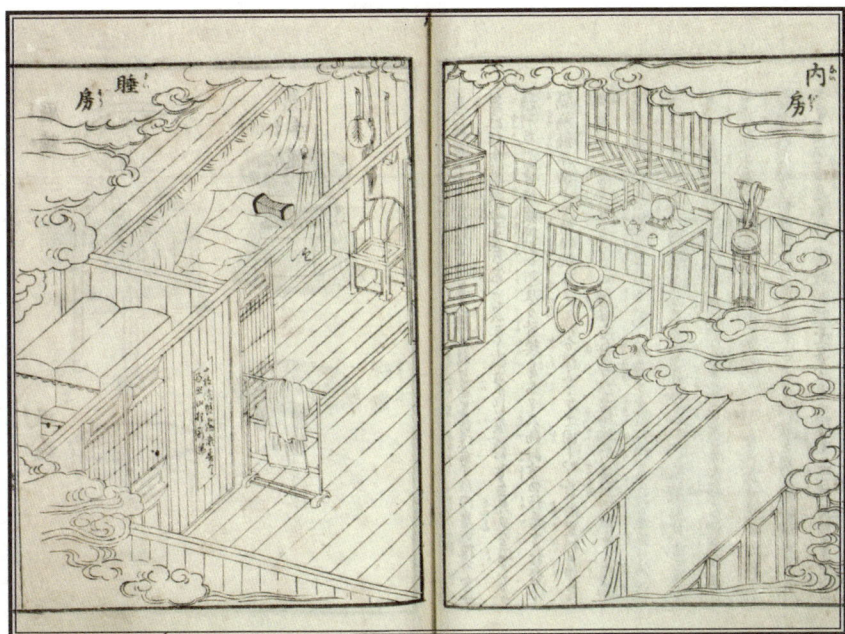

睡房　内房

楼上

　　为了方便上下楼，人们设计了由木板制成的楼梯。楼上铺有平滑的地板，入口处有一扇门。也有的人在地板上铺了藤席、毛毡等物品。房间里有桌子、椅子、杌子等家具。窗户的形状各异，窗扇向左右开合。有些制作成百叶窗样式。有的人家会建栏杆，就是在楼前建造露台，从地面立起柱子与楼上相连，用竹子或木板搭建地面，三面栏杆，上面搭起架子，顶部覆盖着布幔以防晒。然而，露台通常不会建在内房的楼上，而是建在书房的楼上，作为夏季乘凉的场所。

内房的楼上是女性起居和休息的地方，因此窗户较小，并经常挂着帘子以防止外部的窥视。

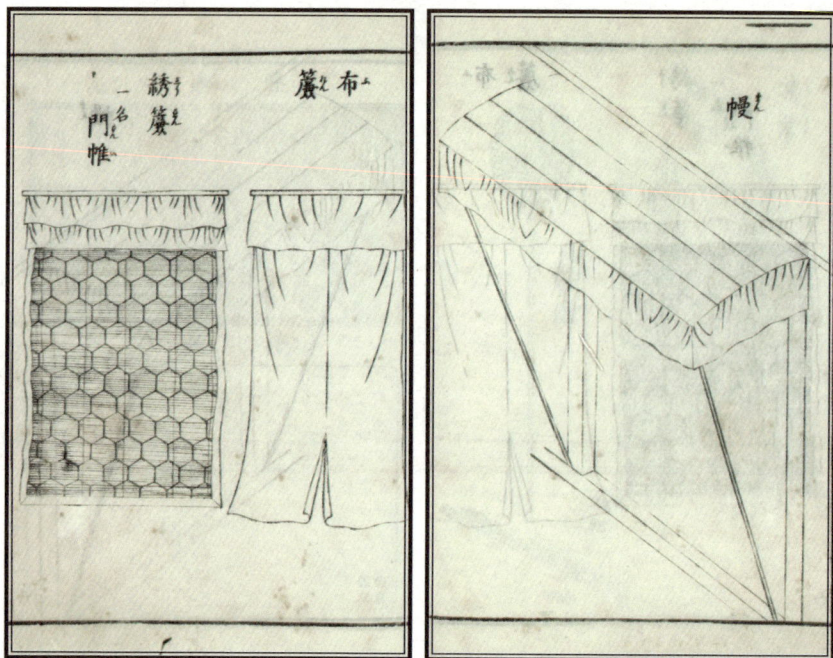

绣帘　布帘

幔

楼房

在苏州、杭州等地，城里城外街道两旁的房屋通常都是楼房。与日本的住宅相似。隔漏、漏斗等会根据家庭的身份和地位不同，使用竹子、木板、铜等材料来制作。

而乡间村落里，很少有人建楼房，大多数房屋都是平房。

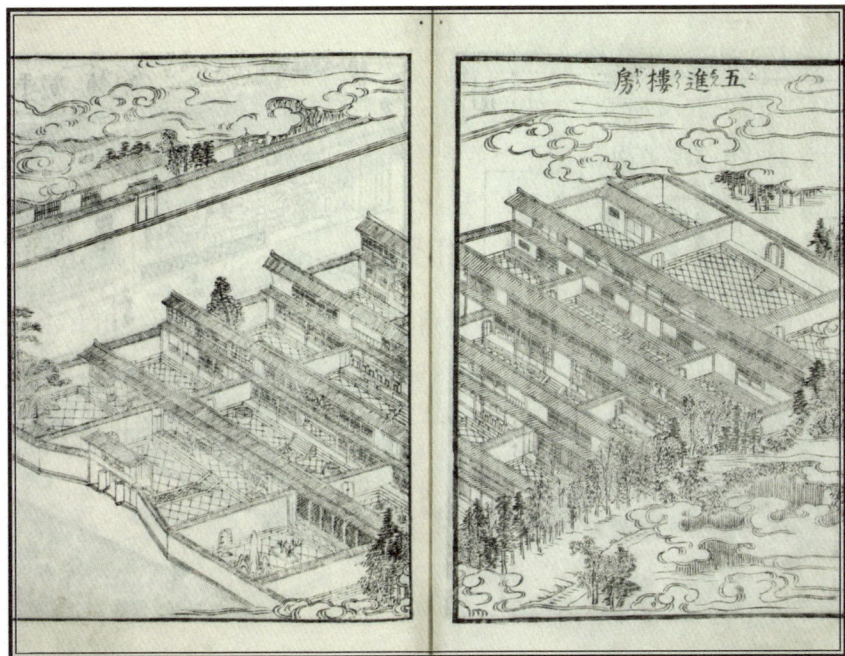

五进楼房

隔扇

隔扇是用纱、绉或油纸糊成的，窗户上则使用明瓦、云母或玻璃制成，而不采用双层纸制成的纸扉、纸袄。门上方的横梁或者上边框被称为"天花板"。

仰尘

在房间的顶部，人们会贴上画着花草图案的纸，称为"仰尘"。大户人家和官家一般都会使用仰尘，小户人家有时也会采用。

衣箱

　　衣箱也被称为衣柜，包括用来存放日常用品、金银等物品之类的柜子，通常排列放在卧室一侧。

灯类

　　晚上不用行灯，而用纱灯、羊角灯等。在书房中，可以使用书灯、挂灯和灯台等照明设备。灯台通常是由锡或黄铜制成，并使用菜油或麻油来照明，而不使用鱼油。

灯类
选自《家具陈设画》册　（清）佚名
收藏于英国伦敦大学亚非学院图书馆

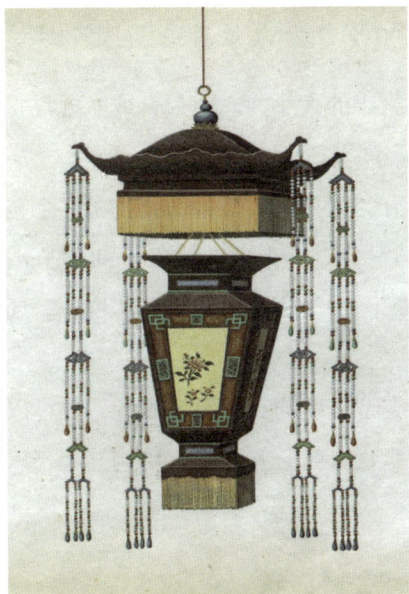

睡床

　　睡床是用木头制成的，可以拆卸。床的大小为六七尺，或八九尺、一丈见方，安装有四根或六根高约六尺的柱子。

　　在床上先铺席子，再铺被褥。也有的人在被褥下面铺垫毯子、毛毡等物品，然后再在上面铺被褥。床可以移动，冬天可以放在暖和的地方，夏天可以移动到凉爽的地方。家家户户除了为家庭成员准备床位外，还需要额外准备两三张床。

　　床上席子，分藤簟、棕簟等不同类型。床的顶部钉着木板，也可以用两三根木竹支挂条布。四周挂着蚊帐，蚊帐一侧开口，用钩挂起来以方便进出。四季都要用蚊帐。

睡床
选自《家具陈设画》册　（清）佚名　收藏于英国伦敦大学亚非学院图书馆

浴室 厕所 马桶

　　浴室和厕所建在宅院后方，有的家庭内房通过走廊能通到两处，也有的家庭会将两处建在其他地方。浴室和厕所大小不等，都是二到三间平方大小。入口设有门扇。浴室下铺有石板，四周建有墙壁；厕所四周也有墙壁，入口设门扇，地下埋有瓮或桶，有的用木板铺成地板，有的用石砖砌起来再铺上木板。妇女们不会去厕所方便，而是使用马桶。用隔板在内房围起一角，内放马桶，晚上则将马桶移到睡床旁边。

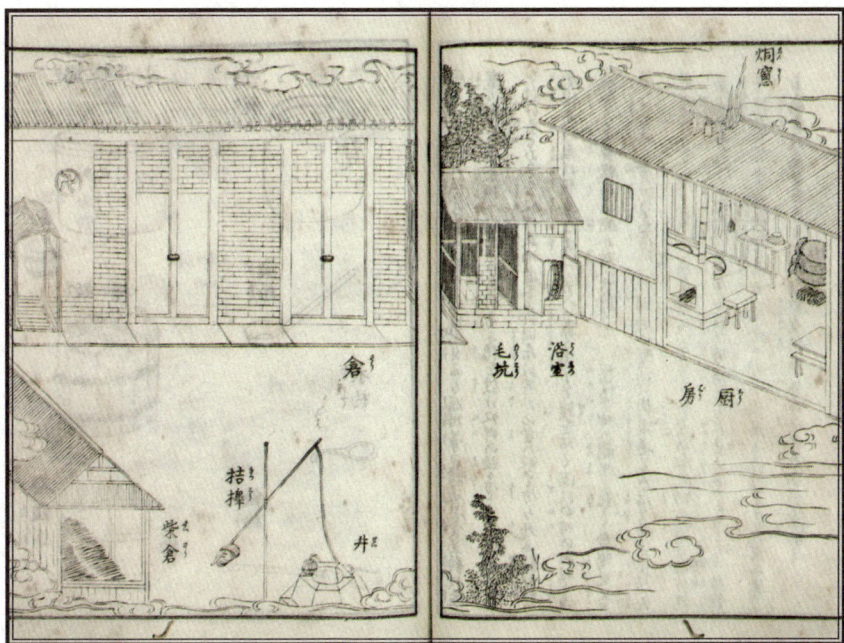

房间位置图

厨下

○ 厨房 奴婢睡房

厨房上面建有楼层，作为奴婢的睡房，有的则在厨房一侧建有耳房的。奴婢夫妻可以同居。除此之外，男性奴仆的住所设在外面，而婢女则住在厨房楼上。每个睡房都有进出门，可以从里面锁上。奴婢的衣服和用具等物品都放在自己睡房的一侧。

○ 发烛儿 火刀 火石

每天早晨，奴婢都要早早起床，使用发烛儿、火刀和火石生火做饭。

铺面

店铺的建造方式不尽相同。一种是在街边建立店铺，后面连接着住房；另一种则是单建另外一栋独立建筑用作店铺。

铺面　选自《院本清明上河图》　（清）陈枚 等绘　收藏于中国台北故宫博物院

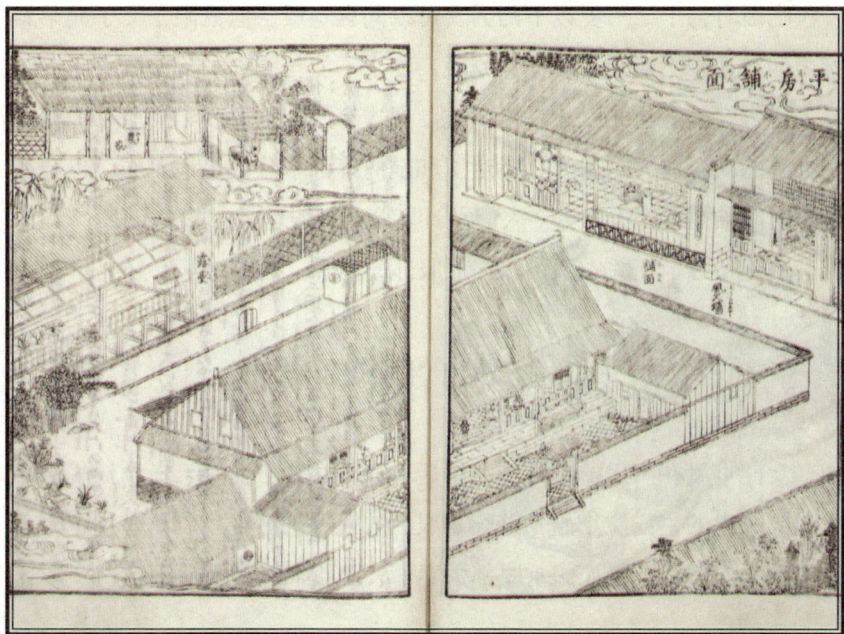

平房铺面

店铺正面设有货架来陈列商品。绸缎、药材等店铺会在侧面摆上天平，设置银柜。主管会坐在银柜前核对货款，将钱放入银柜中，并在账簿上记录。其他小店则不设有天平和银柜，店主坐在店里进行买卖。虽然是做买卖的地方，但店铺内部居住的厅堂和内房的格局布置，与一般住宅并没有太大区别。

早晨之准备

主人起床后梳洗完毕，会换上便服坐在内房的椅子上喝茶，然后再去参拜家庙和供奉的神像。全家人起床后一起吃早餐，通常早餐会吃粥，又称稀饭，但如果需要远行或外出办事，有时会吃肉面等食物。

人们平日里的穿着，是在棉布和绢绸的小衫外面穿背心、马褂或袍子之类的衣服，头戴睡帽，又叫小帽。接待客人或外出时，则戴大帽，并穿上外套。

吃饭时，十二三岁以下的男女可以同桌吃饭，但只限于父子兄弟姐妹之间。儿媳不能与公公同桌吃饭，妻子不能与丈夫的兄弟同桌吃饭。男人通常在外房吃，女人在内房吃。旁边有奴仆伺候。早餐后，前往衙门办公的人、商人、工人、搬运工和坐商等都本分勤恳地工作，也会在闲暇时间抽空忙一下家务。人们平日里穿的衣服包括小衫、马褂、背心、外套和袍子等，相关图案可以在冠服部分查看。

女子工作

女性早晨在内房梳洗打扮完毕后，会坐在椅子上勤恳地绣针线活。大户人家里的主妇、小姐不缝纫衣服，依爱好来剪纸、刺绣、挑花等。而在中小户家庭，男人的衣服都由妻子、女儿来缝制。

日常之规矩

○ 洗脸

男女都会在洗脸前先卷起衣袖，以免弄湿衣服，并注意不能向前或向后溅水。

○ 吃饭 活动

吃饭时要特别注意不要弄脏衣服，走路时也要小心不要沾上泥土。活动时应该脱下上衣，只穿内衣，并系紧腰带以便于活动，这是非常重要的。

○ **坐法**

坐着时要端正身体，收起双脚，双手相合，不能歪着身子、斜靠坐具。与人对坐时，更应该端庄坐直，态度恭敬。不要挥舞手臂，以免妨碍他人。

坐着的人
选自《院本清明上河图》 （清）陈枚 等绘 收藏于中国台北故宫博物院

○ **站法**

站立时，要合手并脚，端正地站在应站的位置上，不能歪斜或倚靠墙壁，即使感到疲倦也不可以。

站立的人
选自《院本清明上河图》 （清）陈枚 等绘 收藏于中国台北故宫博物院

○ 行走

　　走路时应该将双手收入袖子里，慢慢地步行，脚不要抬得太高，步子不要迈得太大，也不要左右晃动，以免衣角飘动。行走时需要自己留意脚下。登高时应该拿住衣角，以防止跌倒。平时走路贵在从容稳重，不要跳跃。遇到尊贵、年长之人，必须立刻恭敬地快步向前，不可拖延。

行路之人
选自《院本清明上河图》　（清）陈枚 等绘　收藏于中国台北故宫博物院

○ 言谈

　　言谈时，应该经常保持缄默，不要轻易说话。必须说话时也应该语气温和，不要大声喧哗。说话的内容要真实可信，不可说谎，也不应自负高傲，轻率地谈论他人的长短。

交谈之人
选自《院本清明上河图》 （清）陈枚 等绘 收藏于中国台北故宫博物院

○ 饮食

　　进餐时，身体要端正，不要过于靠近桌子。要慢慢地夹菜，不能在盘子中急躁地乱拨菜。咀嚼时不能发出声音。对于自己喜欢的食物，也不要贪吃。要特别小心放置餐具，不要误用或掉在地上。也不应过量饮酒。

中国人卖饭图
选自《中国俗事》清代外销画 佚名

○ 子女教育

男孩从四五岁或五六岁时就要开始读书，并教授他们书法。女孩则首先要学习针织，但也有的女孩会开始学习书法、阅读和写诗。不论男女，学习书法的起点都是楷书。总的来说，富裕家庭教授孩子学习书法和阅读，都会在家里设馆，邀请老师，老师又称为门馆先生。

如果家里没有能力设馆请老师授课，人们就会在寺庙里设馆，让学生每天从家里走到寺庙里去学习书法、阅读等。但是女孩子绝对不能到外面的学馆里学习。

商人会请老师教孩子们学习算术知识。

○ 家中祭祀之神

家中供奉的神像有天后圣母、关老爷、观世音菩萨等，每个家庭信仰的神灵各有不同。但是在家庙中，人们对祖先的神位都会供奉香花，绝不敢有所怠慢。

○ 来客之应对

当朋友到家中探访或商谈事宜时，仆人会到公堂上迎接。如果客人问道："主人在吗？"若主人不在家，仆人则回答："主人有事外出了，不在家里。"若主人在家，仆人则说："请坐。"客人落座后，仆人会去里屋禀报主人说"某相公来了"。在江南浙江等地，人们会称来访者为"相公"，而对于做官的人则会称"某爷"。在福建等地，人们则称呼他们为"某之一官"或"某之二官"。山东或徽州等地则称呼他们为"某朝奉"。主人出来后说"劳驾"，客人则说"惊动"，双方互相寒暄并开始谈话。

如果访客是亲戚，他们可以直接进入里屋，问："某翁在吗？"也可以称呼主人为"某先生"。

非常低贱的人或农家等，由于没有内房，所以妇女常同男子对话，妇女也要亲自出门采购鱼菜等。

如果外人来到家中，家人不在并且没有人接待，那么访客就会喊两三声："在吗？在吗？"如果没有人回答，他们就会自行离开。如是熟悉亲近的人，可以走到内房门口说："在吗？某某来了。"

妇人

选自《清国京城市景风俗图》册 （清）佚名 收藏于法国国家图书馆

如果主人不在家，将会由主人的妻子或者其他长辈女眷接待，向客人道万福，并结合当下节气互相问候。女性一般不会鞠躬，而是轻轻地行屈膝礼，口中多说"万福"。但如果访客是主人朋友，妇女则不会出来与客人交谈。客人要离开时，如果是亲戚关系，则会被送到外厅门口。妇女不会去外厅，而是由男性送到里屋门口或外厅。这时，客人会说："请留步。"主人会回答："免送。"如果客人来访而主人不在家，仆人会出面，他们称呼自己的主人为"东人"，跟客人说道："东人现在不在，您有什么事情可以告诉我。"客人可以将他要说的事情告诉仆人。如果客人不方便对仆人讲，他会问："令郎在吗？某伯、某叔在吗？"如果这些人在家，客人会见到并把事情讲述给他们听。但是绝不会面见主人的妻女并透露详情。小户人家因为仆人很少，男人如果不在，妻女也可以到内房门口，透过布帘与访客交流。

○ 买办管家

在士农商的家庭中，日常饮食等厨房事务，均由被称为"买办"的人负责置办，此外金银财物和其他地方交易的则由被称为"管家"的人负责。但是中等以下的家庭大多由主人自己处理这些事情。

沐浴

○ 汤沐之日

历书中记载了汤沐和理发的日子。夏天，人们每隔三四天或四五天洗一次身体。没有每天都在热水中洗澡的事情。清洗时，通常会是在浴盆里放入热水，将手巾浸入水中，拧干后擦洗全身。

○ 浴堂

农民雇工等小户人家则在澡堂中洗澡。浴池像个大箱子，大小有八九尺平方或一丈二三平方。放入热水之后，可以同时容纳二三十人洗澡。衣柜有编号，钥匙上有相对应的号码，由浴堂主人或其家人管理衣柜。客人到来时，浴池老板将编号相同的手巾交给洗澡的客人，将客人的衣服锁进对应编号的柜子里。洗完澡后，客人按照手巾找到对应编号的钥匙打开衣柜，付完钱后换好衣服离开。沐浴费用为每人三文铜钱。

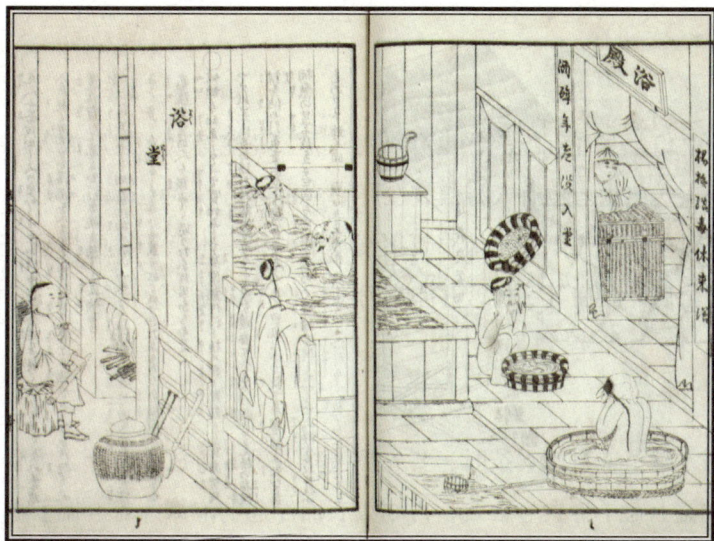

浴堂

○ 盆汤

还有一种洗澡的方式，人们称之为"盆汤"，给每位客人准备一个木盆，并隔出单间，供客人单独沐浴。沐浴费用为每人铜钱三四文。

○ 洗濯

洗衣服的工作大多由年长的妇女从事，也有让奴仆等人来从事的。还有些寡妇靠洗衣服获取收入度日。

○ 取暖

在冬季，人们使用手炉来取暖。觉得手脚冰冷时，将炭火放入脚炉中，覆盖上灰，放在椅子或床前，置脚于上取暖。或者在房间中放置两三个火盆以取暖，但没有在火盆旁烤手的情况。还有一些人在地上建造类似日本"被炉"的地炉、石炉，但南方温暖地区不使用这种火炉。

○ 书翰

往来的书信都写在红纸上，也可以用斗方、花笺等纸。然后放入信封中，让仆人送出去。也有人将信放在拜帖盒中送出。

在吊唁时书信用白纸。申请书要用奏本纸，将奏本纸折叠成折子，折子上写有全启、副启等字样，并印有粉红色格子，称之为格纸。

○ 茶

在给别人献茶或自己喝茶时，要先擦干净茶碗，再放入茶叶。然后浇入热水，盖上盖子静置一会儿，再划去表面浮起的泡沫，盖上盖子献给客人饮用。泡茶通常使用盖碗。

○ 烟

烟包采用荷包的样式。烟筒的杆是由紫竹、方竹、通天竹等制成的，长度两三尺，烟筒通常使用白铜制成。烟嘴有使用象牙的，也有只使用白铜的，高官贵人还有用纯白银制造烟嘴的。

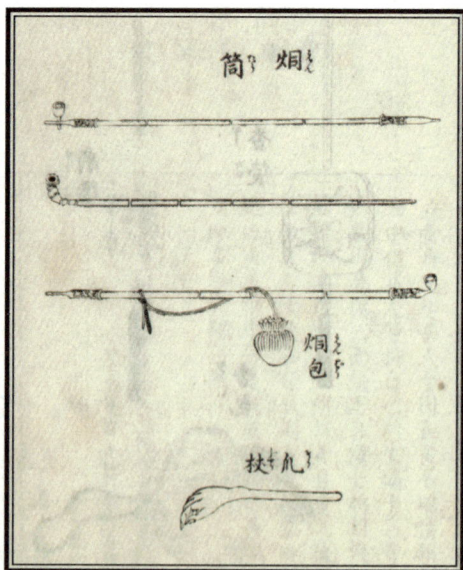

烟筒　烟包　爪杖

○ 奴婢

从年幼时起，奴婢的生命就被主人买断了，议定身价后，由他们的至亲立下卖身契。如果奴婢长大后想要赎身离开，去往别处做工，也可以由父母将他们当初被卖出时的身价钱退还后领走。

如果奴仆人品可靠，能够讨主人欢心，那么在伺候主人数十年后，他们有可能会得到主人的恩赐允许成家，或由主人帮忙在家中挑选媳妇。成婚之后，无论是夫还是妻，都会听从于主家的命令。婢女也是一样的。他们有的也可能会在五年或十年之间被卖出，或者变成领工钱的雇工。

如果被主人雇用做工并领取薪水，那么就被称为"雇工"。但婢女都是被买断的，买断的身价不同。

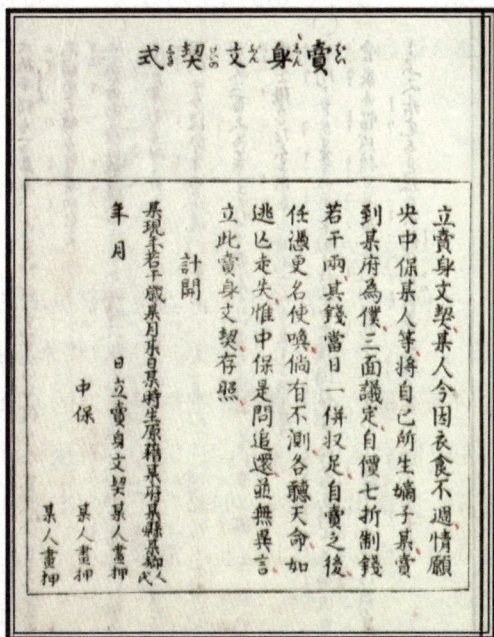

卖身文契式

○ 乞丐

每逢立夏、端午、中秋、冬至、岁暮五节时，或婚庆等吉日，常有乞丐到各家门前乞讨赏钱。这时，主人应当赠送米和钱财。也有的人家会事先通知各个乞丐头目，并支付五六十文或一两百文的报酬，让丐头通知乞丐，某日家中有庆贺之事，不要在当日来门前乞讨。然后从丐头那里取回收据并贴在门口。只要家门上贴着这种收据，当天就肯定不会再有乞丐前来乞讨。

○ 官府呼唤

当官府有事需要询问或者指名要求传唤某人时，通常会派承局或管家带着一张帖子到这个人家里，把帖子给主人看，告知有事相邀。如果这个人不在家，那么就通过该街保长通知到本人。

衙门

○ 出堂

衙门里的小吏们清晨五点开始上班。当主管官员出堂之后，就会有一些差役，类似于日本的"足轻"，拿出领文牌，将来自各官府的公文、申请回复等分发给来领取的各级官员，把需要传递的差事则交给驿站的主管人员。然后差役们会拿出投文牌，让诉讼者直接将诉状放在主官公案上，退下。接着，再拿出禀事牌，如果有需要向本地官府禀报的机密之事，就必须上堂亲口禀报。以上这些事情都处理完毕后，再传唤犯人进行审判。

○ 点卯

每日清晨五点，小吏们到衙门里开始上班，这叫做"点卯"。十一点以后下班吃饭。仍有公务需办理，那么午饭后会继续上班。

主官在处理政务空暇之余，会根据个人爱好从事诗文书学或琴棋骑射等活动。家务事都交给下属负责处理。主官早晚都忙于政务，因此家务事难以顾及。

商家

○ 商家日常

早餐后，商家会根据店里的情况，指派伙计进行买卖交易，晚上会对照当天的账簿核算白天的卖货收入，并将金银过秤清点后收存起来。

○ 大商家

由于大型商家拥有多家店铺和众多伙计，因此会提拔勤恳的伙计担任主管，或者请亲戚来管理。他们很少亲自处理账务，只会每一两个月彻底清算一次账目。

○ 分店

大型商家如果在其他省份多有分店的，大多由亲戚担任店主，由店主自行处理进货等交易。如果距离总店太远或者分店店主工作也非常勤恳的，则由店主完全负责该店。卖货所得的金银每一两个月清算一次，除了酌情留下店里需要用的金银以外，其余都会上交给总店。

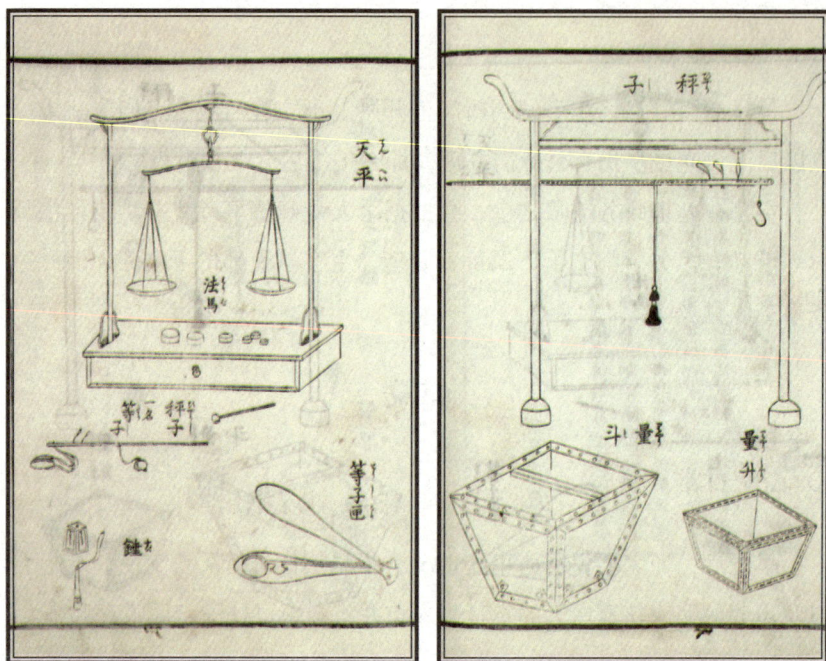

称量之物

○ 讨债

    追讨债务的日期定于端午、中秋、年末三个节日。到期时，债主会给借款人或者赊欠货物的商家递交书信，然后派伙计前去追讨债务。这时有些借款人会按约定还款，有些则会请求延期到下一个节日再还款。在债务追讨期间，债主会不断检查各项账目，清点金银，记录在账簿上，并在欠款上追加利息。到年末时整晚追索，未偿还清者，债权人点亮灯笼进行追讨，直到元旦日出后，才停止追讨回家休息。

○ 按季付款

每家商店都有账单折子。付款日期为年中的三节或五节。总的来说，端午节、冬至节和年末三个节气是大节，而立夏节和中秋节是小节。

○ 批发商

批发商也称为"行家"或"行户"，船家称为"船户"，牙行称为"飘行"。

总的来说，所有贩卖商品的人都要向批发商支付一定的费用，这被称为"打抽丰"，船家也是一样的。

农家

○ 农居

农家的房屋一般都是草顶，有些农户房屋外围也建有泥墙、板墙和门。农家小户，有的只建居室。农家中的大户也有设置厅堂、书房、内房等房间的，和城里的大户人家别无二致，房顶也是用瓦片覆盖的。

○ 仓库

仓库多为两三间见方大小。仓库的顶部铺设瓦片，四周用砖石砌成墙体，内外都涂有白灰。其中一面有出入口，里面有木板制成的门扇，外面用土扇锁住。

这些仓库内部既有建造成楼房结构的，也有建成平房结构的，在两面开有小窗。建造成楼房结构的仓库需要用立柱支撑建楼，平房结构的仓库通常不需要柱子，而是四周用砖石砌成，仅在屋顶处架上屋梁，直接盖上瓦片。地面可以是土地或铺上砖石。存储粮袋时，需要在下面先垫上木头，再堆放粮袋。

○ 农家生活

农民每天早起开始耕作，根据农活的繁忙程度，他们的出门时间也不同，但通常会在清晨五点左右吃完早饭，随后就去田里干活。如果耕作的地点离家比较近，他们会回家吃午饭；如果比较远，他们的妻子或女儿会在家中做好午饭，盛入碗碟，带上筷子，一起装在竹篮里送到田间给他们吃。天黑之前回家吃晚饭然后休息。在耕种忙碌的时节，或者是家庭成员极少的农家以及租田的佃户，他们的妻子也可能会一起出门耕作。如果全家一起下地耕种，他们也会在早上准备好食物带到田间吃。在收割稻麦等农作物之后，他们会按照惯例先缴纳官粮，然后把剩余的存放在家里，随时准备出售。

○ 田租官粮

大户人家拥有田地的，都会雇用农夫耕种，并每年收取田租。他们从来不自己下地耕种。大户从租户那里收取约定好数量的粮食后，先向官府缴纳官粮，再把剩余的储存起来。留下足够全家食用的粮食外，多余的粮食随时准备出售。

官粮税按照每亩田地缴纳一斗米收取。但土地分为上等田和下等田，对应有不同的税率。有些人会用米缴纳官粮税，也有些人用银两缴纳，或者用银两加粮食混合缴纳。由于用米缴纳官粮税，会受到损耗以及品质好坏的影响，非常麻烦，所以大户人家通常使用银两来缴纳官粮税。

租田的费用为每亩一石至一石五六斗米不等，这个取决于田地的质量以及农民的贫富程度。麦子地租是每亩一石五六斗至两石，有时甚至可以达到两石三四斗。

政府要求缴纳的官粮必须是去壳的米。

○ 里甲制度

总的来说，人名称为"花名"，户口称为"花户"。十户家庭组成一个小组，小组的领导称为"户头"，户头负责向这十户家庭催缴银钱和米粮。十个小组的领导称为"甲长"，甲长的数量根据户数多少有所不同。总管甲长的人称为"里长"，由里长催促全村各户向县里缴纳银钱和米粮。

每个家庭缴纳的银钱必须装在一个纸袋中，袋子由两张厚纸贴成，并印有"定"字。被称为"柜吏"的官员负责将银钱放入收银袋中，上面记录某村某项缴纳的数量、收取日期，官员某某核对无误后签字。收簿上也会记录同样的文字。

缴纳稻米称为"上仓缴粮"，除稻米外，还需要缴纳其他开支，如损耗费、茶果、仓书、斗级、纸张、粮斛和看仓等。在船运中，还需要添加水脚、垫船和神福等花费。

○ 储存稻谷

储存稻谷时，需要在仓库地面上放置五六寸高的方形木块，上铺木板，最后将稻谷堆放在上面。并且应经常打开仓门和窗户通风，同时注意防止虫害入侵。如果在收获新粮之前，陈米已经存放超过一年，并且还有结余，那么应将其全部出售以存储新米。

仓库的建造位置看空地的情况，因此可能会有所不同。

○ 捐米 捐纳官

家里富有而有行善之心的家庭，可以向官府申请每年捐献一定数量的米粮，以备特殊情况的出现，这被称为"捐米"。对于这些人，官府会将他们的行善之举奏报朝廷，授予他们相应的官职；如果他们不求官职，也会奖励相应品级的帽饰，或者在他们的子孙中推举学识优秀者授予官职，这被称为"捐纳官"。

○ 义仓

此外，还有一种捐赠形式，就是由村里的有志之士共同捐赠稻米，并建立一个仓库储存起来，以备特殊情形的发生。这被叫做"义仓"。

○ 米价

一袋稻米为五斗装，价格为二贯二三百文铜钱，但也会根据年成的好坏而有所不同。雇用工人每日需要花费五十至七十文的费用，如果雇工自带饭食，无需管饭，则雇用费用为一百四十至二百文。工作时间从早晨七点开始一直到下午三四点。

○ 小吏

小官从早上七点开始在衙门处理事务，中午到衙门前的酒店或饭店用餐，没有自己带饭的，也没有由衙门管饭的情况。

医师

○ 招牌

　　医生们都把吕洞宾当做祖师。医生都会在医馆门前悬挂着招牌。有些医术高超很有声望的医师，由于终日看病感到疲倦，会收起招牌，只为非常熟悉的近亲挚友看病。如果衙门要请医生，只会邀请挂招牌的医师。而官家的医师必须挂上招牌。

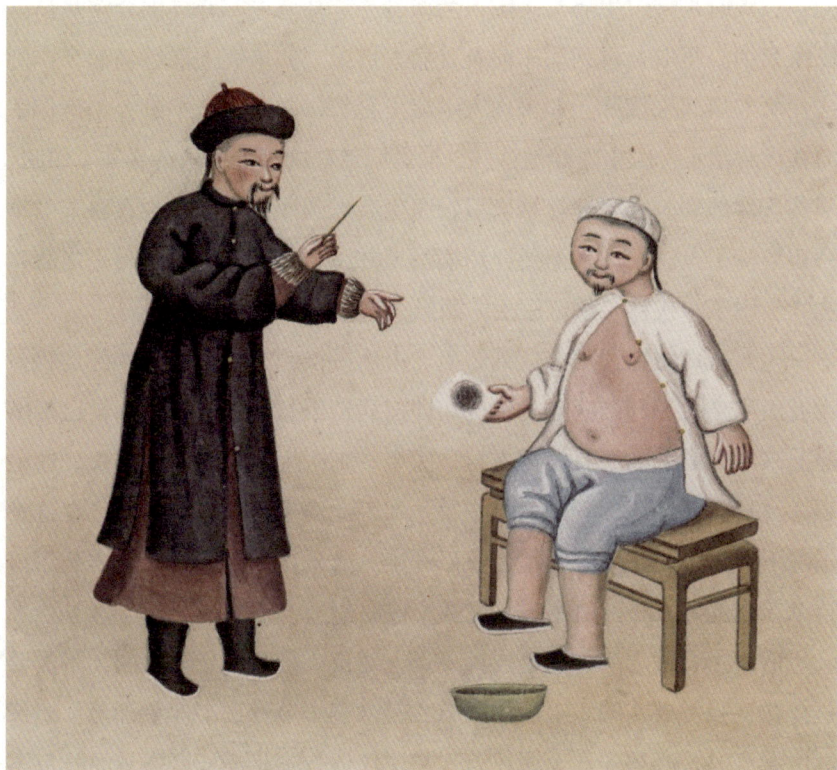

针灸科
选自《清国京城市景风俗图》册　（清）佚名　收藏于法国国家图书馆

○ 请医看病开方谢仪接医

在医馆中，每天都有很多病人前来求诊，因此医生会在早晨洗漱着装好后立即开始按照顺序诊治病人。来医馆看病的病人需取顺序牌依次看病，医生也会按照排队的顺序进行诊疗。医生吃完午饭，会在中午前后出门，乘坐自家轿子前往病人家。

医生到达病人家时，病人的家人会在外厅门口迎接。如果是初次见面的医生，则需要到门外迎接，并请医生到堂上招待茶点。然后医生会问："贵府是哪位生病？"主人会回答："某某。"并详细介绍病情。医生会细心听取，再到病床前查看病人情况。如果病人能够坐起来，则会让病人坐起来诊脉。如果病人不能坐起来，则会保持平卧，稍微伸手放在诊脉垫上。医生安静地诊脉，根据病情仔细观察病人的舌头、眼睛、腹部、背部和脚部。诊疗结束后，医生会来到厅上，坐在主人备下书桌旁边的椅子上，向主人简要介绍病情，并写下药方或医嘱。写完之后，主人会用茶水或糕点款待医生，稍微交谈后，医生就会离开。

病人家人将上述药方拿到药店，由店员按照方子为病人调配药物，没有医生亲自带药给病人的情况。即使病情紧急，医生也不会自己带药品前来。但是，如果有偏远农村请医生，则医生会带着药箱前去。这是因为乡村没有药店，且距离城中很远，因此医生必须自行带药。在这种情况下，医生会先诊断病情，然后开出药方，再调配药物。药方是用川连纸裁成的，大小五寸平方，用戥子称取药量，用药匙配置药物。

请医生看病之后，其家当天要送上谢仪。但是在亲友之间，不需要这样做，只需要在端午节、中秋节和年末三个节日送上谢仪即可。邀请名医看病时，必须先送上谢仪，如果谢仪钱数不足，或者邀请时礼节不到，医生就会不肯前往诊疗。

医生外诊的顺序，是由轿夫根据路线方便性来安排的。因此，如果有病人情况紧急或者希望尽早看医生，他们会在早上给轿夫钱，提前嘱咐轿夫先去自家某方某处诊疗，然后轿夫会按照这个顺序把医生送到病人家中。除了给医生的谢礼，轿夫的费用是由该家另外结算的，根据路程的远近，费用会有所不同，一般在二百文、三百文或五百文。如果医生因病情紧急需要一大早就出门诊治，到了中午时会顺便在饭馆用餐。如果医生和病人之间关系很熟悉，也有可能由病人家中提供午餐。

年轻的医生通常不乘坐轿子，而是根据自身方便，带着一个仆人步行前往病人家中进行巡诊。

医道之图
选自《街头各行业人物》清代外销画 （清）佚名 收藏于英国大英图书馆

○ 外科应诊

外科和内科一样，医生需要受邀才能到病人家里去治疗。看外科情况下，医生提前在家中将药膏做好，放进小箱，再用包裹把剪刀、小刀等物品包好，带到病人家里使用。

外科应诊
选自《院本清明上河图》 （清）陈枚 等绘 收藏于中国台北故宫博物院

金货

品质最好的金子叫做足赤金，是由纯金铸造而成的。其次是九成金，其中掺杂了一分其他物质。八成金则掺杂了两分其他物质，七成金掺杂了三分其他物质，六成金则是最低级别的金子。有各种不同大小的金块，如果小到分厘，则称为零碎金。总而言之，由于金子是国家的珍宝，通常不用来流通买东西。用银子买金子时，足赤金的兑换率为十六七比一，而其他金子则参照足赤金的纯度，兑换率可能为十四五比一或十二三比一。

银货

○ 元宝 足纹 元丝

银子有元宝、足纹、元丝等种类，都是用坩埚铸成的。将元宝铸成足纹时要稍微掺入一些铜，而将足纹铸成元丝时也需要掺入一定的铜。这三种银子是最上等的。

中等品质的银子叫做靛封，最低级别的则叫做三轻。按十成计算，三轻的重量比元丝银含量低一成五分，而靛封则比元丝银含量低五分。小粒银叫做"劈子"或"碎银"，是根据用量切碎而成的。

○ 金银店兑铺

省府州县各级都设有金银店，布政司衙门下面设置一个管事部门库司，人们可以在库司进行金银兑换。经营以金换铜钱的店铺又称为"换钱铺"或"兑铺"，也即金银店。

此外，还有金银匠，专门从事金银熔化、浇入铸型，铸造各种足纹、元丝等。金银匠只会在元宝银上才注明年月、地名和金银匠姓名。

○ 铜钱

一文铜钱的重量单位是一两二分，但在行情不好之时，可兑换七两八九分或八两。缗是一种用于穿钱的麻绳，将一百文或者两百文铜钱穿在缗上，一千文成一串。从来没有使用银票的情况。

○ 捐

在河渎等地，有一些德高望重的民间人士会共同捐赠金银用于公共事业，称之为"捐"。

○ 官银

官库中存放的金银，都是以元宝的形状进行贮存。

米价 运米

不同地区的米，品质和价格也各有不同。江浙地区的米被称为上谷。而目前运到长崎的米主要产自湖广等地，被称为籼米，是早稻，属于下谷。与江浙的上谷相比，其价格约低了一成二分。每石价格三十五六两的米，是江浙的上谷。每人每天约食用一升米。总的来说，不用马来驮运米。因为马主要用于驿路上，而不用来运输货物。

运粮车
选自《院本清明上河图》 （清）陈枚 等绘 收藏于中国台北故宫博物院

○ 米行

城市里有一些批发大米的店铺。这些店铺没有明确的规格样式，也没有固定的股份。但是，有的米行承包了各个省份的大米，并根据市场行情进行销售。

拉号粮车
选自《清国京城市景风俗图》册 （清）佚名 收藏于法国国家图书馆

粮价

○ 米

一斛米等于五斗，二斛米等于一石，又叫一担。重量为一百二十斤。一俵通常是五斗。每石米的价格为三十五六两银子，一升米相当于日本一升五合稍多。白米和粗米均在米店零售，贫民每天买回供当日食用的米。

○ 麦

每升麦子的价格十三四文，这个价格在江浙、福建、山东等地都是相同的。

○ 大豆

每升大豆的价格为十五六文钱，大豆专门用于榨油。

○ 黑豆

每升黑豆的价格为二十文钱左右。

○ 红小豆

每升红小豆的价格为二十文左右。米店也会销售这些豆类谷物，不过也有专门销售豆类谷物的零售店。

○ 糠

每斗糠的价格大约为三十文。屠户会买糠用于养猪，也用于饲养牛马。老顾客通常会自带麻袋来买糠。

○ 米 麦

米、麦等作物按升出售，其他各种物品则按斤出售。

○ 绸、棉、纸类

各种丝绸和棉制品有许多不同的种类、名称，价格不一。每匹棉布的价格为七八两至十两银子。每套布衣的价格为十六七两，而每套棉服的价格为二十二三两。

有些人从乡下运送棉花卖给城中的批发店，批发店称"字号"。棉行和米行不同，不需要大量资金来经营。

纸类有各种不同的品种，价格各异。奏本纸每捆价格为十四五两至二十两。川连纸每一叠有一百二十八张，三两银子左右，有时也会落至二两左右，但是上等品质的可以达到三两四五分。五彩松江笺纸每叠大约有二十五张或三十张，最上等品质的每叠为七八两或十两左右，最下等品质的为三四两。

茶盐薪铜铁等

○ 茶价

中等品质的茶每斤价格约为二两银，而上等茶则高达二三十、四五十两。上等茶品种包括龙井、雨前、武夷等。

○ 盐价

每斤盐的价格约为五十文钱，产自江南浙江地区的盐质量好。

○ 酒价

每斤酒的价格在三十文至六七十文之间，关于酒的介绍详见饮食部分。

○ 油价

每斤菜籽油的价格为一百四五十文。总的来说，灯油和油炸食物都使用菜籽油，也称为"菜油"，这是从菜籽中榨出来的油。

▲ 送南酒车
选自《清国京城市景
风俗图》册

（清）佚名　收藏于
法国国家图书馆

卖油
选自《清国京城市景
风俗图》册

（清）佚名　收藏于
法国国家图书馆

○ 薪价

每百斤柴的价格是二两银左右。可使用芦柴和木柴两种。芦柴是把芦苇切成两三尺长一段，并在中部用竹箍捆扎以便于搬运。木柴同样也是砍成约两尺长的段，每捆重十四五斤。

○ 铜价

每斤铜的价格是一百四五十文钱。

○ 铁价

每斤铁的价格是二三分银子，而每斤铁钉的价格是七八十文。

○ 石料价

石料根据大小不同，价格也有所不同。将石料雕琢成长约六尺、宽约一尺的现成建材，每块价格约十两。因凿琢程度的差异，价格也有七八两的。

○ 竹竿

竹竿长约四间，直径约九寸，每根竹竿价格大约二百文。

○ 木材

木材因大小长短、好坏及种类不同而价格也有所不同，六七寸圆、长一丈五尺的杉木，价格十到二十两，但也有六七两至八九两不等的。松木价格比杉木低上二成左右。木材的上部与下部价格也不完全相同。

○ 其他杂项之价

　　每一百斤石灰约值四两银子。每一百斤炭约值十两银子。每斤萝卜价格约铜钱两文。每斤蔬菜价格约两文。上等烟叶每斤价格四五百文，下等每斤一百六七十文。鸡每斤价格五六十文至六七十文。每斤猪肉价格八十文至一百文。每斤面粉价格二分或三分银子。每斤锡价格约三两银子。每斤铅价格约一两五分银子。

○ 木匠手工钱

　　木匠的手工费用每天约一百四十文，如果木匠自己带饭，手工费约二百文。顶尖的细工木匠，每天手工费约六两。

大木匠
选自《清国京城市景风俗图》册　（清）佚名　收藏于法国国家图书馆

○ 官府雇工

日薪工人每天工资一百四十文，官方雇用的石匠等工种每天工资也是一百四十文。

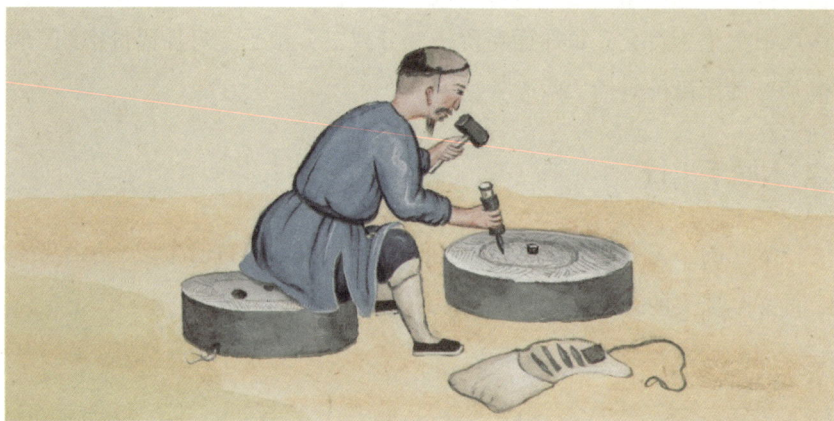

官府雇工
选自《清国京城市景风俗图》册　（清）佚名　收藏于法国国家图书馆

○ 乡下雇工

在乡下，按月雇用的工人，每人每月工资约为三百文。

○ 榨油工人

榨油工人承包一年的榨油工作，有时也会要求以给付菜籽油代替工资。

○ 地租

房屋和商铺的地租，每亩每年约为三两银，农田的地租则根据土壤的肥沃程度而有所不同。

○ 房钱

房租根据房屋的大小和宽度而不同。在江苏一带，可开店使用的五开间房屋，每年租金约为三贯银子，而两三开间的住房，每月租金为五六百文。但如果房屋地理位置好，每月也能租到二三十两。

商店的房租必须每月支付，不过，秀才和非商业人士可在三节时支付房租。

○ 生活费用 伙食费用

下等阶层中的单身人士，每个人每天只需花费三四十文的铜钱来维持基本的生活。但若三人合伙吃饭，便能以更少的用度维持简易的生活来度日，花费不到一百文。不过，他们伙食就只有干鱼、蔬菜等，吃不到肉。

而相对来说中等阶层的商人家庭，家庭成员大约有十人，每年需要花费约三千两的费用来维持家庭生活。

○ 喜丧费用

根据家庭经济情况不同，每家庆祝喜事、举行丧礼以及各种杂费的花销开支也不同。

册三

射帙

卷三　冠服

补子

　　清朝的官服在前胸和后背处缝有补子，这也是区分官员类型、品级的主要标志。一般来说，文官绣飞禽，武将绣走兽。

文一品　仙鹤补子

文二品　锦鸡补子

文三品　孔雀补子

文四品　鸿雁补子

文五品　白鹇补子

文六品　鸬鹚补子

文七品　鸂鶒补子

文八品　鹌鹑补子

文九品　练鹊补子

武一品　麒麟补子

武二品　狻猊补子

武三、四品　豹补子

武五品　熊补子

武六、七品　彪补子

帽顶

文武一品夏朝帽顶

文武二品夏朝帽顶

文武三品夏朝帽顶

文武四品夏朝帽顶

文武五品夏朝帽顶

文武六品夏朝帽顶

文武七品夏朝帽顶

文八品夏朝帽顶

文九品夏朝帽顶

文武一品冬朝帽顶

文武二品冬朝帽顶

文武三品冬朝帽顶

文武四品冬朝帽顶

文武五品冬朝帽顶

文武六品冬朝帽顶

文武七品冬朝帽顶

文八品冬朝帽顶

文九品冬朝帽顶

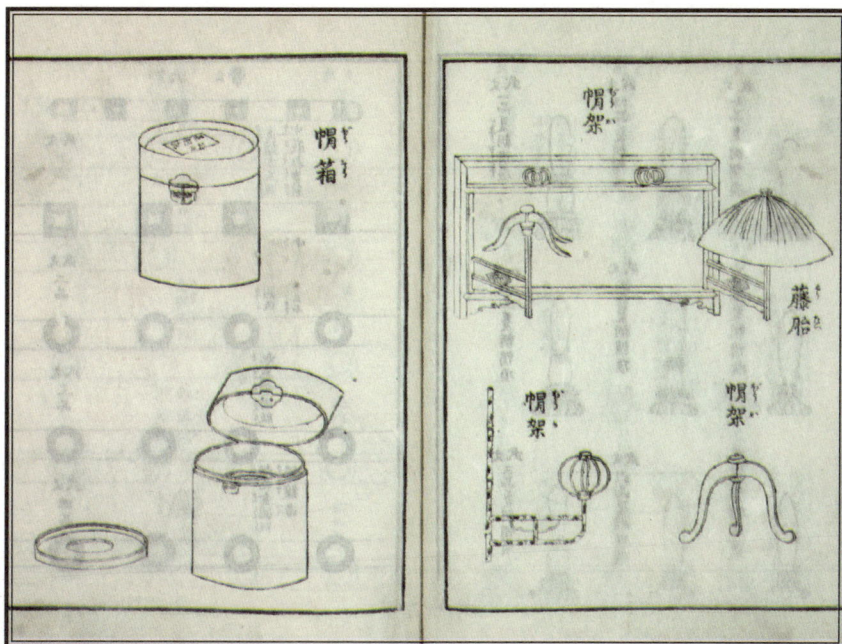

帽箱　帽架　藤胎

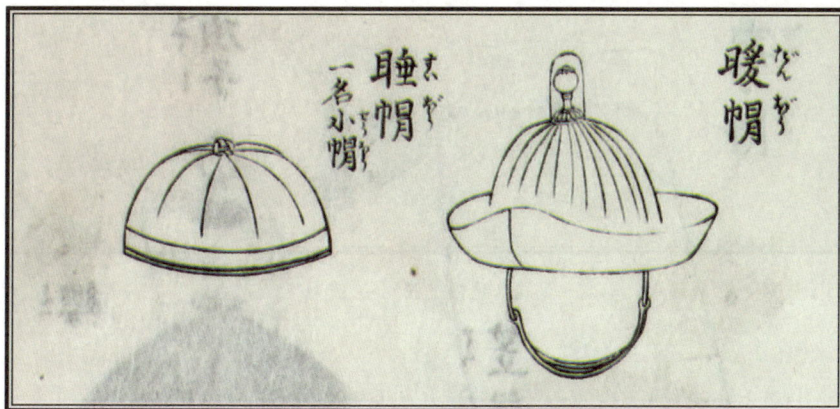

睡帽　暖帽

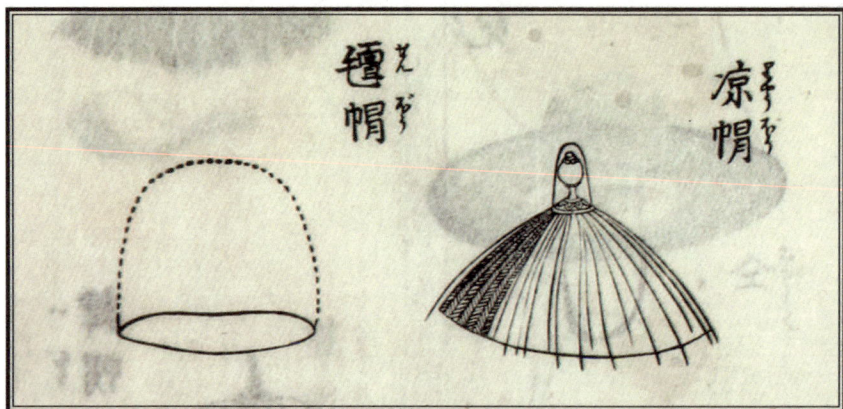

毡帽　凉帽

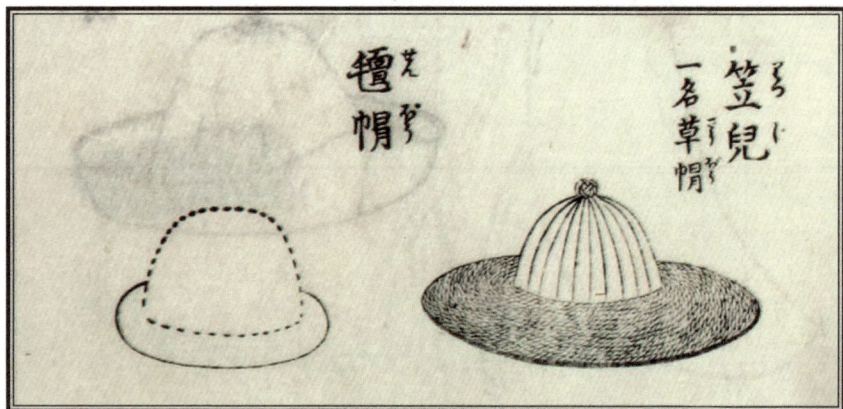

毡帽　笠儿

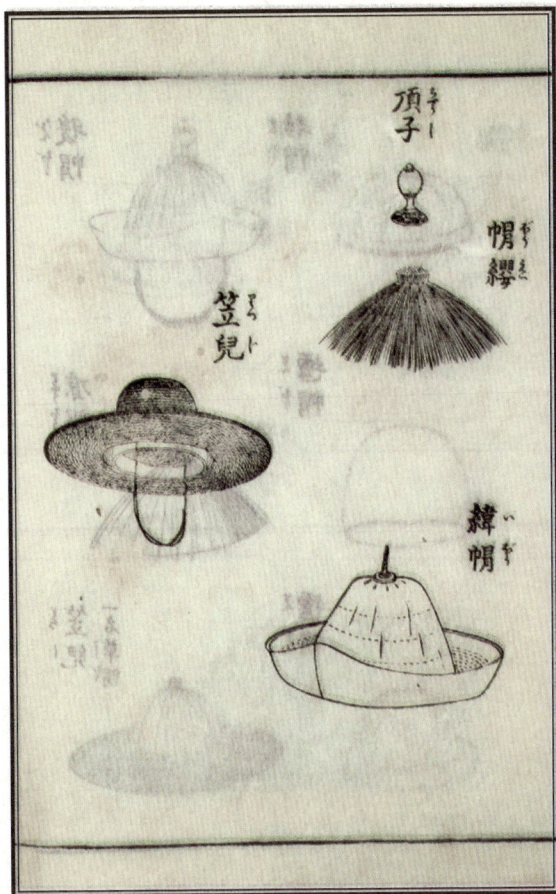

顶子　笠儿　帽缨　纬帽

上衣

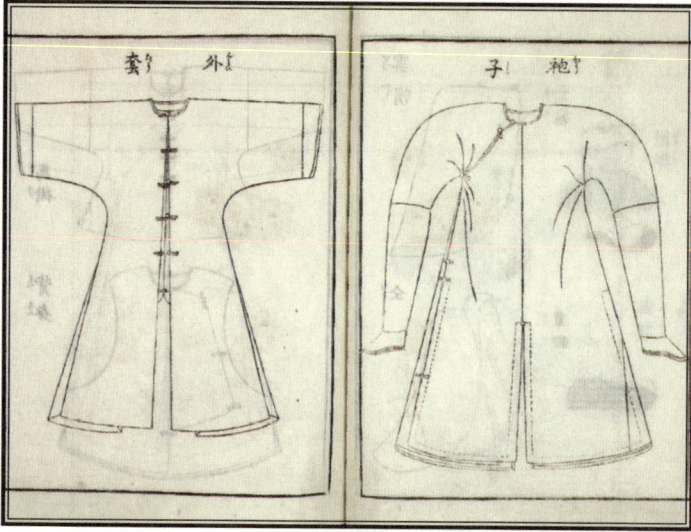

外套　袍子

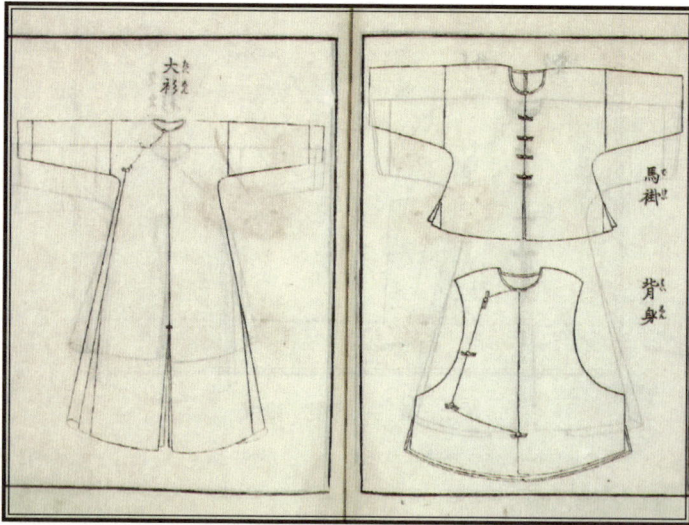

大衫　马褂　背身

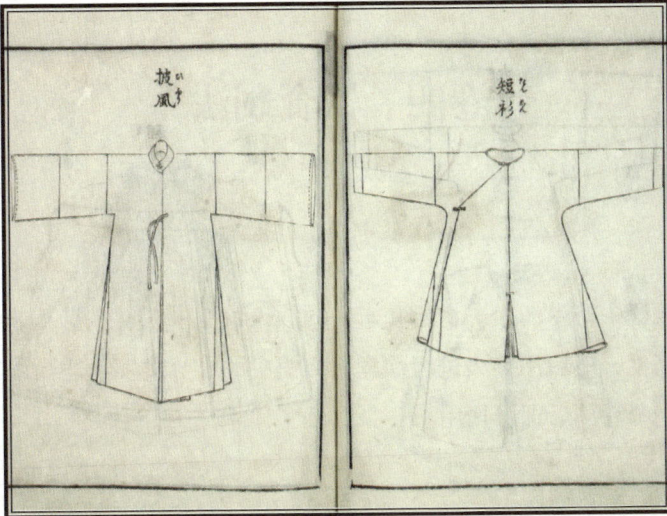

披风　短衫

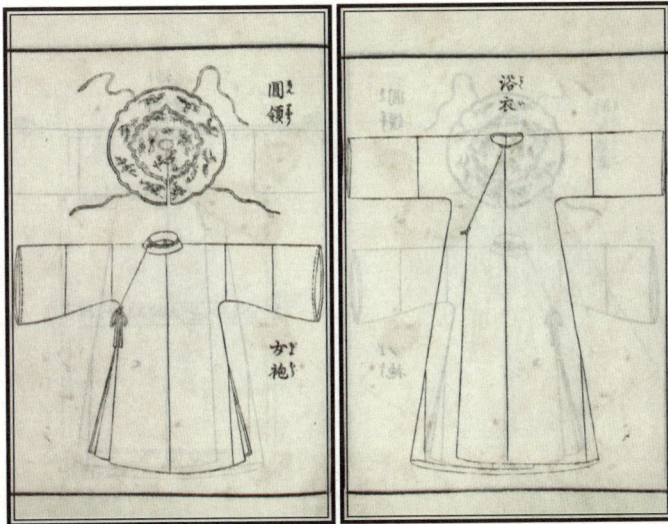

圆领　女袍　　　　　浴衣

卷四　饮食制法

炊饭

　　在饭桶中将米淘净。将米和水一同放入铁锅中，加水量至超过米一茶碗的高度，然后用柴火进行炊煮。当锅中的水分蒸发至适当程度时，熄火，焖蒸片刻后即可食用。

茶

○制茶

　　三月谷雨时节采收茶叶。将茶叶放入铁锅中炒热，然后放到席子上用手揉搓，再放回锅中多次炒制。上等的茶叶需要重复炒制二十多次。

制茶图 ▶
选自《中国清代外销画·街头买卖·白描画》　佚名

斩茶

猴子采茶

装茶

渡茶

托茶

试茶

拣茶

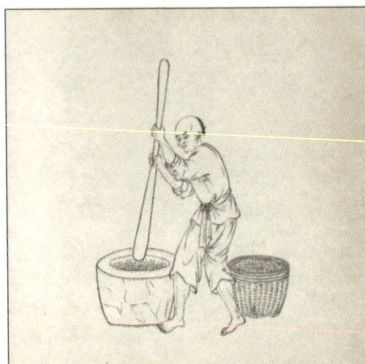

捣茶

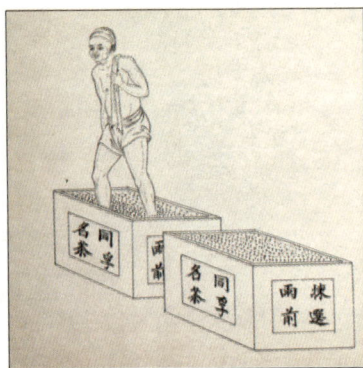

蹉茶

筛茶

洒水

炒茶

晒茶

搓茶

装箱

号茶箱

○ 茶名

茶叶名称大概有以下几种：

珠兰茶，每斤价格约为二两。松罗茶，每斤价格为二两到三四两。武夷茶，上等的每斤价格约为十二两，中等为七两，下等为三两左右，这个价格和龙井茶大约相同。旗枪茶，价格与武夷茶相同。莲心茶，每斤价格约为三十两。寿眉茶，价格与龙井茶相同。红梅茶，价格与上等的武夷茶相同。雀舌是称茶叶细小的茶类，价格与龙井茶相同。雨前茶是指谷雨前采制的茶叶，又名"青茶"，上等的价格为二十四五两，中等的价格为六七两，下等的价格为二三两。

○ 茶篓 茶罐

整体来说，茶叶通常是装在大篓里出售的。如果旅行时需要携带或赠送给他人，就会使用小篓装入三十或五十目的茶叶，或者放在锡罐里。如果买锡罐装的茶叶，根据锡罐的大小不同，价钱也有所不同。

在日常生活中饮用的茶叶，人们会放在磁壶、锡瓶等容器中。有关茶篓和锡罐的图片，在家居部分有介绍。

○ 煎茶

煎茶的方法是：用炭火将水煮沸后，加入少量水使其再滚沸。在茶碗中放入一些茶叶，倒入约八成的滚烫热水，然后盖上茶碗，焖一段时间。

酒

○ 酿酒法

将米曲和水放入瓮或桶中酿造酒。可以在十月到次年的正月、二月期间多次酿造。根据酒的种类不同，酿酒所用材料的分量也各不相同，这里不做详细说明。

○ 酒名

酒的名称大概有以下几种：

常州出产的惠泉酒口感清淡。湖州出产有乌程浔酒。苏州出产福珍酒，山西出产潞安酒，味道甜美，容易让人醉倒。山西出产的汾酒，又叫烧酒。绍兴府出产绍兴酒。

中国人吃酒图
选自《中国俗事》清代外销画　佚名
主人向客人敬酒称为"领杯"，客人回杯称为"回敬"。主人有时还会让孩子举起酒杯领杯，也有不让孩子参与宴会的情况。宴会结束后，把桌子收拾干净，摆上各种点心和茶水。这是固定的流程。

○ 酒价

概括来说，酒被装在坛子里按斤出售，有五斤和十斤两种不同的包装。十斤装的每坛三两或五两。一些贫苦的人们在零买时会自带酒瓶，每次只购买价值十文或二十文的酒。有关酒坛、酒瓶等物品的图片，在家居部分有介绍。

醋

将约一斗米浸泡在水中，过夜，然后用蒸笼蒸熟。晾凉后放入坛子等容器中。三天后，加入约三十斤清水，连续七天，每天用柳枝搅拌数次，绝对不能用手搅拌。再放置约一个月，用布袋过滤掉渣滓，加入少许山椒和黄柏粉末煮沸一次，就可以食用了。

酱油

将大豆煮熟后留在锅中放置一夜，第二天早晨将煮熟的大豆和面粉混合，摊在席子上。在不通风的地方放置三四天，等到大豆充分发霉成曲后，晾干，并放入干燥的容器中，加入煮沸的盐水充分搅拌。半个月后再次煮沸，用布袋过滤后即可食用。制作酱油的材料配方是：豆曲一斤、水七斤、盐四十两。

○ 腌菜酱油

将炒熟的一升大豆或黑豆粉，与二升五合的面粉用热水搅拌成年糕状，切成薄片，用蒸笼蒸熟后晾凉，摊在席子上，上面盖上茅草。等到发霉成曲后，将上面的干霉拂去捣成碎末，放入坛中并加入煮沸的盐水。在天气炎热时每天搅拌数次，大约十天后颜色就会变红。此时即可食用。腌菜酱油的配方是：一斤豆曲、四十两盐。制作时要注意调节用料，味道不要太过清淡。

这种腌菜酱油可以用于腌制萝卜、瓜、茄子、菜等。先将这些蔬菜用盐腌一夜，晾干后再放入这种酱油中浸泡。

曲

将白米淘净后，在蒸笼中或者瓦器中蒸熟，摊平在席子上，用茅草盖住，放入火室中。夏季蒸四五天，冬季蒸十天左右，等到长出霉芽后就可以取出留待使用。

腌菜

○ 香萝卜

将萝卜切成骰子一般小块，腌一夜后晾干，再加入生姜丝、橘皮丝和莳萝、茴香，搅拌均匀，放入坛子里。将醋煮开后浇在坛子里的腌菜上，选热天晾干后即可食用。

○ 香瓜

将菜瓜切成薄片，用盐腌一夜，把腌菜的汁煮开淋在腌菜上，晾干后再加入生姜丝、紫苏、莳萝、茴香，搅拌均匀，放入罐子里。再加入煮熟的醋和少量糖，选热天晾干后食用。

○ 豆豉

将大豆蒸熟。麦子炒熟，用磨磨成粉，与蒸熟的大豆混合均匀，在席子上摊平，加入酱油曲一起静置数日。发霉后放进桶中，均匀拌入煮沸的盐水，上面用石头压实。十天左右后再加入煮沸的盐水搅拌，再用石头压实，五六十天后可食用。但在三十天左右时，可加入生姜。将生姜去皮切成薄片，先用盐稍微腌制。豆豉制作三十天后，放到大桶里，加入生姜片，搅拌后仍放回原来的桶中，再用重物压实。一百天后食用味道更佳。制作豆豉的配方为：一斗大豆，一斗大麦，一斗水，二升六合盐。如果加盐水搅拌时，还有多余的盐水，可以暂时放置，十天后再加入搅拌，如盐水仍有多余，可重复此过程。不要急于一次加入，而应该分多次加入，以使盐分逐渐渗透进去。

宴会料理请客诸品

○ 一、点心类

桂圆汤

将龙眼的外皮去除，把果肉和果核一起浸泡在热水中。当果肉膨胀变白时，加入冰糖水煮沸，然后将果肉和汁一起食用。制作冰糖水的方法，是将适量的冰糖放入滚热的汤水中，完全溶解后品尝味道。当甜度合适时，用筛子过滤掉渣滓，然后将其放回锅中，再加入龙眼煮沸。

扁豆汤

将药用白扁豆在热水中煮软后去皮，放入冰糖水中煮沸，然后将豆子和汁一起食用。冰糖水的制作方法同上。

杏酪

将药用杏仁浸泡在热水中使其变软，然后在乳钵中研磨，加入适量冰糖混合至合适的甜度，就可以食用了。

鸡豆汤

鸡豆又叫芡实，生长在池塘中，叶子形状类似丝菱，根部呈圆形，直径为五到六寸，根内含有多个核状物，又被称为"鬼菱"。汤的制作方法与扁豆汤相同。

雪粉糕

将相同分量的糯米和粳米粉加入少量水揉合，然后通过米筛筛入蒸笼中，筛到粉厚二到三分。蒸熟后放屉上晾凉。在上面撒一层白糖，然后放上少量红丝。红丝，是将梨子切成薄片，用胭脂染红，腌在糖中，切成细丝。还有青瓜子和橙子。橙子用法，是将青橙皮切成薄片，腌制在糖中，然后切成细丝。最后将它们切成一寸四五分大小的方块。

饺子

将面粉加水和硬，用擀面杖压薄，擀成直径约三寸的圆形面皮。将猪肉切成丝，与香菇、葱等切成的碎末混合搅拌，包入圆皮中，放在蒸笼上蒸熟后即可食用。

红粉糕

将三份糯米和七份粳米放在石臼中捣成粉，用热水将胭脂融化成汁，加入米粉中搓揉，然后放入蒸笼蒸熟，加入小豆馅，盛放入盘中蒸一会儿后即可食用。小豆馅是用小豆制成，加入白糖和猪油混合均匀使用，配方是一升小豆馅加三斤白糖。

蓑衣饼

蓑衣饼，又名太史饼。将面粉、菜籽油和水按同等比例混合，加入少量白糖，用擀面杖擀扁，成圆饼状后，再用手稍微压扁，用油炸至黄色后，蘸白糖食用。

藕粉糕

将藕粉溶于水中，加入白砂糖，放在火上搅拌。同时，继续撒入藕粉细末，并用力搅拌，然后加入小豆馅后即可食用。

肉馒头

与制作馒头的方法相同。将猪肉和葱切碎，加入少量白糖，做成馅，包在其中。

水晶糕

将七份糯米和三份粳米磨成粉，用冷水揉成面团，加入少量白糖和猪油，蒸熟后晾凉，切成长方形食用。

糖糕

将等量的糯米和粳米磨成粉，用水揉成面团，蒸熟后加入白糖捣匀，擀成薄片，切成一寸四五分的方块，用油炸熟后食用。配方大致是每升米粉加入半斤白糖，但也可适量调整比例。

扁豆糕

将白扁豆煮熟去皮，用水磨碎，放入粗布袋中挤压去除水分，加入少量面粉和糖揉匀后蒸熟，放凉后切成一寸四五分大小的方块，在两块之间夹入白糖食用。

其他

除了以上提到的点心外，还有其他种类的点心，但具体的制作方法不太清楚，大概与前面介绍的做法类似。

○ 二、大菜类　上等菜类十六碗

熊掌

取左右两个熊掌，去掉毛后，用热水煮熟，舍弃汤汁，然后加入酒和酱油煮熟，再加上熏干的小虾。酒两份，酱油三份，这是配方。但也可以根据口味适当调整。

鹿尾

将带尾的鹿肉用热水煮至半熟，倒掉汤汁，再用酒和酱油煮熟。最后在上面加上炙干的小虾和切碎的韭菜末。酒和酱油的比例跟前面介绍过的一样。

燕窝汤

先将燕窝浸泡一夜，然后用热水洗净，去除羽毛和尘土，撕成碎片并浸泡于热水中。鸡汤中加入盐和酒，调成淡口味的汤。将鸡肉、干腌猪肉制成的火腿、鲜肉切成丝，煮熟后盛入碗中，再加入煮熟的燕窝和少许葱末，并加入汤汁。鸡汤和酒的配方分别为七份、三份，加入少许盐。

鱼翅汤

将大鲨鱼的鳍泡水，与泡燕窝方法一样，泡好。将鸡肉切成小方块，用油稍微炒煮后，再加入酱油、酒、水等调味料，用小火煮熟，最后加入鱼翅、香菇和葱，再用小火煮一段时间。做好盛放时鱼翅在上面。水、酒八份，酱油一份，味道要略淡。

海参汤

把海参竖切成四瓣，用热水煮熟后，加入火腿汤中，加酒和酱油调味，再加鱼肉做成的鱼团即鱼糕，以及香菇和葱等一起煮沸。酒和酱油的用量和煮鱼翅汤的用量相同。

羊羔

将羊肉切成两斤左右的方块，煮熟后将汤倒掉，洗净肉，再加入萝卜、生姜、葱、酒和酱油，煮烂去骨。晾凉后切成薄片食用。七份酒，三份酱油。煮时先加酒，等肉煮熟后再加酱油。

猪蹄

将带臀的猪肉切成五寸左右的方块，用热水煮烂后，加入酒、酱油、少许白糖和茴香，将带皮的肉煮至发红后，再加入木耳、山药和葱。酒和酱油的用量和煮羊肉的用量相同。

野鸡

去掉雉鸡的皮，将胸脯部的肉切成薄片，用油炒软。在酒和酱油中加入少许葛粉，炖煮至收汤后即可食用。酒八份，酱油二份。

鲥（shí）鱼

将鲥鱼放入酒酿中蒸熟，加盐。

鹿筋汤

用水浸泡鹿筋后，按约一寸长切开，加入火腿汤中煮熟，然后加入酒和酱油稍微调一下味道，最后再放入肉圆即猪肉糕、香菇、干笋和葱，煮沸后即可食用。酒和酱油的用量和鱼翅汤的用量相同。

炒鸡

将鸡肉带骨切成约一寸长，加油炒熟，稍加水后继续煮至半熟状态，加入少许酒、酱油和猪油，再放入栗子、山药和蒜，继续煮，直到熬光汤汁。酒和酱油的用量和猪蹄的用量相同。

全鸭

选带毛的鸭子，在不损伤鸭皮的情况下去毛洗净，在鸭肚里填入糯米和莲肉，用蒿草包好，用热水煮到七成熟，然后倒掉汤汁。将火腿汤中加入酒和酱油调味，放入鸭子煮熟，去掉蒿草并保持鸭体的完整，再加入木耳、金针菜和葱等材料再次煮熟。火腿汤中加入同等分量的酒和十分之一的酱油。

鹅

将带骨的鹅肉切块放入热水中煮软，再加入酒和酱油煮熟。

蟹羹

将螃蟹煮熟后去壳，取出蟹肉后放入鸡汤中。加入酒、酱油和葛粉，再加入切碎的葱和姜末，煮至熟透。

这道菜的配方是汤和酒各占四份，加起来共占八份，酱油占两份，葛粉则只需少量即可。

蛏（chēng）干

将蛏子浸泡在水中，去除沙子，洗净后放入锅中，将猪肉切成薄片，用锅煎出油后将蛏子和猪肉一起炒熟。然后加入酒、酱油调味，放入切成细丝的葱一起煮。酒占八份，酱油二份。

鱼肚

将鱼鳔浸泡在水中，用热水煮软，与鲜肉一起放入火腿汤中，加入酒、酱油煮熟，再加入香菇、干笋和木耳等配料。酒和酱油的用量和蟹羹的用量相同。

烹调之法

烹调食物时都是用较多的酒和较少的酱油，以保持各种菜的味道略淡。酱油通常会盛在小碟中，根据个人口味蘸食。但一般不使用过于咸的做法。因此这些菜的配方也没有固定的分量，多以清淡为宜。

○ 三、大菜类　中等十碗或八碗，八碗时减去羊肉及鱼翅汤

燕窝汤

燕窝的煮法跟之前相同，一并加入鱼肉、干笋、鸡皮。

全鸭

煮法跟之前相同，但鸭肚不填物料，而是将莲肉、木耳和葱摆在鸭身上，或者用酱油和冰糖煮。

鱼翅汤

煮法跟之前相同，同时加入鱼圆、鲜肉、火腿、葱等。

猪蹄

煮法跟之前相同，同时加入虾米、海粉、葱等。

鹿筋汤

煮法跟之前相同，同时加入肉圆和葱。

海参汤

煮法跟之前相同，同时加入虾、鱼圆、葱和香菇。

羊肉

煮法跟之前羊羔的煮法相同，煮时加入山药。

鲫（jì）鱼

将鲫鱼用水煮熟，加入香菇、肉圆、韭菜，并加入酱油。或者先用油煎，再用酒和酱油煮熟。

鲍鱼

将干鲍鱼浸泡在水中，切成薄片后在锅内煎炸，再加入鲜肉薄片，用适量的酒和酱油煮熟，最后加入蒜末即可食用。

炒鸡

将鸡肉炒熟，炒法跟之前的相同，加入炸好的鱼片、栗子和葱段一起煮熟。

醒酒汤

先用水把鸡肉煮熟，然后将鸡肉取出，在鸡汤中加入适量盐和葱末即可。

○ 四、小菜类

回千

又叫撤羹盘，将每样食物各装一盘，摆放在桌上。

食物种类如下：

荔枝、龙眼、松子、榛子、莲子、橘饼、胡桃、枣子、雪梨、杏仁、云片糕、落花生、瓜子、栀子、柿饼、明姜、太史饼、芝麻片、连环、冰糖、火腿、鸡鸭蛋、眉公饼、冬瓜糖、枇杷羹、夹沙糕、桂花糕、佛手柑、玫瑰糖、风雨梅、山楂糕等。

人造花

人造花有五六种。用萝卜做成菊花、牡丹、水仙等几种时令鲜花。

其他

除上述各种食物外，还会根据季节随时采用当季水果，如桃子、李子、花红、香圆和橙子等。

○ 五、宴席料理顺序

茶汤

茶、桂圆汤，盛在盖碗中，放在托盘上，给每位客人端上一碗。还有扁豆汤，上法一样。

大菜

桌席。

熊掌、鹿尾、燕窝汤、鱼翅汤、海参汤、羊羹、猪蹄、野鸡、鲫鱼和鹿筋汤等，其中熊掌、鹿尾、燕窝汤、鱼翅汤和海参汤、鲫鱼盛在大碗中，其余菜品盛在普通碗中。

点心

有四种点心。雪粉糕、饺子、红粉糕和蓑衣饼等，盛在小碗中。

醒酒汤

盛在小碗中，每人一碗。

大菜

炒鸡、全鸭、鹅、蟹羹、蛏干、鱼肚，其中炒鸡、全鸭、鹅用普通碗装；蟹羹、蛏干、鱼肚盛在大碗中。

点心

有四种点心。藕粉糕、肉馒头、糖糕、扁豆糕，盛在小碗中。

回千

将上述菜品上完后，撤去桌上的碗碟，摆放回千。

备考

上八碗菜或十碗菜时，会在上四五道菜后，先上点心和醒酒汤，然后再继续上菜。

○ 日常料理

平时早晚吃的菜通常是鲜肉、鸡肉、鱼类等，有时会加上应季的蔬菜煮成三到四大碗。但不会有点心等甜食。早餐通常会喝粥，吃干菜、酱瓜、干萝卜等菜，鱼、肉菜则只会在午餐和晚餐食用。

○ 田舍料理

普通的村落小户，他们通常会吃混合多种谷物和蔬菜的饭菜。其中，麦饭是在煮饭到水还未干的时候加入面粉，然后在锅内搅拌，焖煮后食用。分量会有所不同，但不会将整粒麦混入饭中。此外，根据时令，也会加入大豆、小豆、黑豆、粟、黍等食材一起煮熟食用的。城中的人除了极其贫穷的人之外，很少会吃这种食物。即使是从事体力劳动的人，也都吃米饭。

点心制法

○ 月饼制法

第一步是制作馅料。需要用一升五合的熟面粉，面粉是在甑里铺布干蒸到熟。然后与半斤菜籽油或胡麻油，以及三斤白糖混合搅拌后，再加入适量的橙丁、红丝、瓜子、核桃和茴香五种食物，用力搅拌，混合均匀后放入木制模具，压实打出每个约十两重的馅料。这个馅料需要提前制作好。

第二步是制作酥皮。需要用一斤二合五钱的生面粉和半斤菜籽油混合均匀后放置。

第三步是制作面皮。需要用一斤八合七钱五厘的面粉、三合菜籽油、半斤白糖和温水混合，加入温水是为了让面粉和油混合后达到适当的硬度。将酥皮像做荞麦面一样，用擀面杖做成薄片，切成八十个约一寸平方的块，然后将面皮做成长条形状，揪成八十个面团，将酥皮和面皮一起压平，卷在棒上，将棒拔出后，这个时候的面成了曲卷的煎饼状，反复擀压，使酥皮重叠多层。然后，再把酥皮擀成圆形，里面放入馅料，揉成馒头形状，上面盖上胭脂汁印记，再用板压平，下边切出小角，盖上唐纸，放入制作点心的锅中，两面烘烤。

○ 雪片糕制法

取二百两糯米，捣成精米，在水中浸泡二三天，清洗干净并晾干，炒熟后磨成细粉。将二百两熟面、一百六十两白糖、约半碗油和适量水混合，揉成硬而黏的面团。将三种材料混合后，倒入锡制模具中，上面覆盖厚纸，然后放入锅内蒸。锅盖是用稻草制作的，形状与农民所用的锅盖相同，盖在锅上。至粉末蒸透就可以了。取出后，在模型中切成三等份，并放入面粉中回出，待冷却后，再切成薄片食用。但要注意，将模型放入锅内时，热水的高度应与模型内的粉末高度相适应。如果热水不足，蒸汽无法到达上部，粉末无法蒸熟。如果热水过多，则会使热水沸腾并进入模型内，导致粉末变湿。

○ 连环制法

将一斤生糯米粉、八两面粉、二十两白糖和少量饴糖、少量水混合后揉成饼状，制成直径二寸四五分的饼，用热水煮熟。另外取五斤生糯米粉、四十两面粉、一百两白糖和一碗糖稀，再加入两茶碗煮饼用的沸汤，揉匀后，将糯米粉擀成细条状并切成绳状，用油炸熟。晾凉后，撒上白糖即可食用。

○ 火腿制法

在寒冷的季节，可以将猪的胯连同腿脚切下，洗净后去毛晾干，按照每斤肉二十两盐的比例，把盐揉进肉里。然后晒干并在通风处挂上十天左右。或者将猪脚浸泡在凉盐水中，并每天浸晾四五次，直到干透后再吊挂起来。

○ 煮肉法

为了使肉类更容易煮烂，可以在烹饪时加入二三颗肉豆蔻。不过，这样煮出来的肉不太好吃。最好的方法是用细火缓慢烹煮，效果更好。

卷五　闾学

闾学

闾学，就是在乡里开设、用来教授当地孩子们的学堂。

○ 先生

先生是没有爵位和官职的。他可以在自己的家里把学生聚集起来教书，如果自己家里地方太小，也可以出去租房子教书，这类教书的场所就叫做学馆。因为这些学馆没有固定的建筑规格，也没有春秋祭祀等礼节，所以祭祀活动都在学宫里进行。

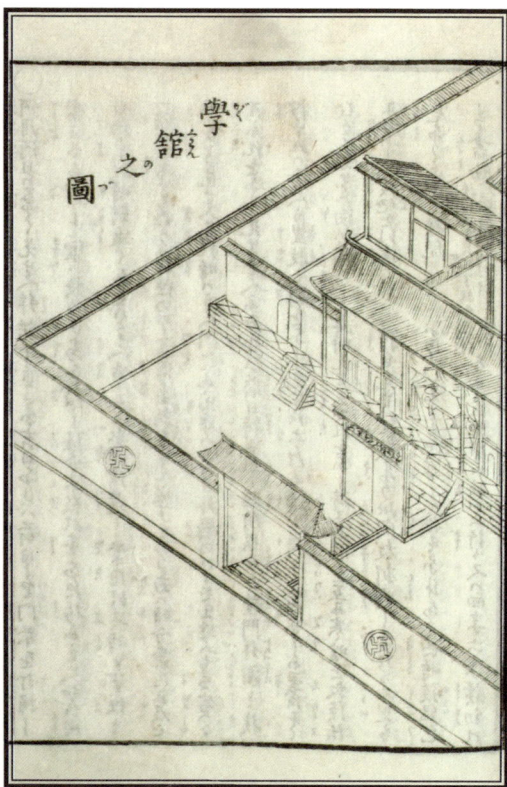

学馆之图

○ 孔子圣诞

对于那些热爱读书的人来说，每年的十一月四日是孔子的诞辰，他们会焚香祭拜，但没有祭祀活动。

人们举办圣道宣讲的活动时，会借用神庙的祠堂或寺庙的庙堂，不知道这种做法是从何时何地开始的，但明朝时期就已经有了。邀请博学的先生来教育年幼的孩子，到现在也很流行。

○ 入学年龄

男孩长到五六岁时，会根据情况开始进入学馆学习。如果他天生聪明就会在五六岁开始学习，也可以根据孩子的本性在八岁时再进入学馆学习句读。这要取决于他的性格。古时候有八岁入学的说法，但不知道从什么时候起已经改成这种教学方式了。

○ 拜见先生

适学儿童的父亲或兄长会先到先生那里恳切奉上礼物，说明孩子今年几岁，还从来没有受过教育，请求先生教导，并呈上拜帖。这时，先生会站起来作揖道："可以随时来学馆上学。"儿童的父亲或兄长也会回礼道："那就在当月或下月某个吉日选个适宜入学或者万事大吉的好日子，带着孩子前来上学。"也有的家庭会在拜师前就选好吉日来邀请先生，说明在某个月的某一天在家中备简略之酒，等待先生教导。这时先生也会施礼道："拜望，谢谢，但不必费心。"儿童的父亲或兄长也会施礼告别后离开。

入学前邀请先生的方式并没有固定的规定。富人家庭会在孩子上学前宴请先生，这是为了表达他们希望先生用心教育孩子的意愿。这个时候，先生可以根据本人意愿选择教孩子或不教孩子。

○ 宴请先生

在与先生约定好拜师的某月某吉日的前一天，主家要清扫门前，当天也要格外做好宴请先生的一切准备，主人必须注意避免任何不恭的事情发生。

临近约定的时间，主人会派人去邀请先生。此时，先生可以和使者一起来，也可以听取使者传话后说"马上就来"，然后让使者先回去。也有些先生不等人来邀请而自己前往。

先生到达时，主人在门口或外厅门口迎接。主人和先生互相行礼后，先生向主人道谢："前日承蒙惠临，今日特地登门前来拜谢。"主人回礼："不敢当。"并请先生坐到上首的椅子上，主人奉茶，向先生说："请喝茶。"先生起身致礼，然后双方坐到椅子上寒暄一阵。

主人带着孩子拿书到先生面前，说："上次说的劳烦您教诲的，正是这个孩子。"并让孩子向先生作揖。先生只起身回拱手礼。孩子从书包里拿出书本，开始诵读的是《三字经》《千家诗》《千字文》《百家姓》等等。先生开始按照语句口头指导，或者按照四个字、六个字的顺序断句指导，孩子根据先生的指导在书上标上记号。也有的会等孩子到了学堂那天上课时再开书指导的，这个由先生自己决定。当天只口头指导五六遍，并不强迫孩子读。孩子收拾好书本后，可以陪坐或者站在先生一旁侍候。然后，宴席开始，桌子上摆好各种饭菜，主人和先生一起饮酒吃饭。

此时，先生说："多谢今天的款待，以后再来拜谢。"然后告辞。主人也起身说："哪里，多有怠慢。"互相行礼。

然后主人选择入学日期，让孩子去学堂上学。社会地位较低或贫穷的人不会举办宴会宴请先生。寡妇们的孩子会由他们的兄弟、堂兄弟或叔叔伯伯代表出面，只和先生确定孩子的入学日期，而不会宴请先生。

入学之礼法

　　小孩子初次上学时，会由家长或兄长持着各自的名帖，陪同前往学馆。学馆没有特别的建筑风格，所以没有区分东阶西阶。进入院子后，可以通过类似于外厅的出入口进入。小孩子入学时穿的衣服和平时待客往来时的服饰一样。普通人的礼服也没有特别的规定。

上学学生
选自《清国京城市景风俗图》册　（清）佚名　收藏于法国国家图书馆

先生会嘱咐站在旁边负责伺候的书童或者管童接待。在圣像前铺上毛毡,供奉香烛和糕粽。糕粽和"高中"谐音,用来表达庆祝孩子入学的美好愿望。小孩子先向圣像行礼,用汉族礼仪行礼,跪拜四次,然后再向先生鞠躬问好。所行礼处,有些使用画像,有些则用"至圣先师"字样,圣像通常为着燕居服和巾帽的形象。有些地方用彩色的泥塑圣像,在苏州府虎丘有好多地方出售,供附近的学馆供奉使用。据传其他地方也有出售这种圣像的地方。

学馆诸生列位之图

○ 初见之礼

　　学生和先生初次见面时，会根据自己的身份，在封筒中封入七八两或者十两左右的银子，然后在上面贴上一小张写有"贽仪"字样的红纸，送给先生，作为初次见面的礼物。

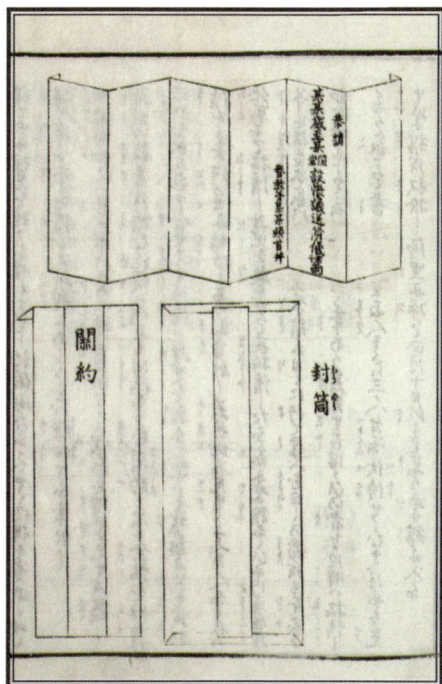

关约　封筒

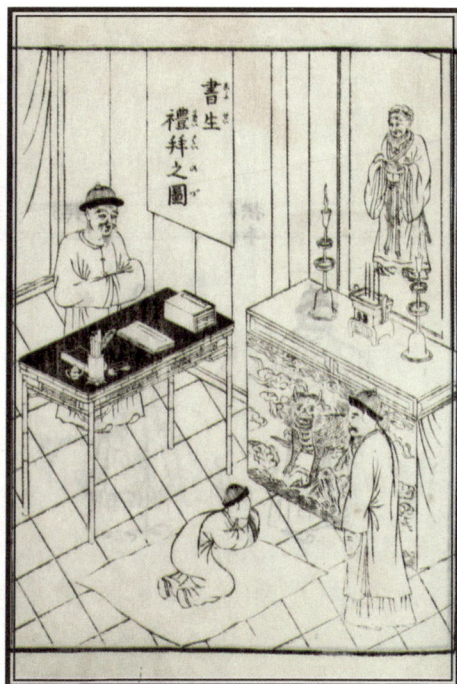

书生礼拜之图

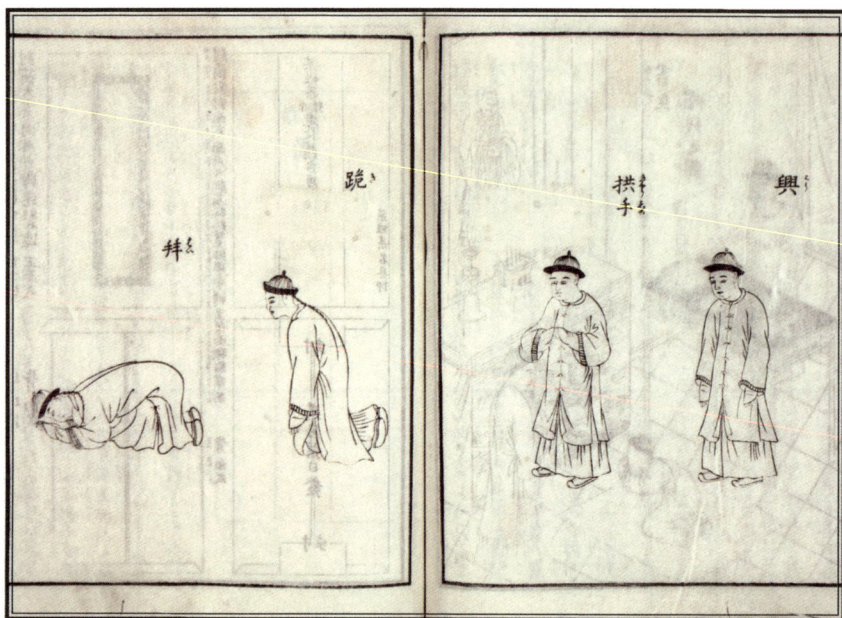

拜　跪　拱手　兴

○ 和气汤

　　新生入学时，先生也会将同门学生聚集在一起，享用用白糖煮瓜仁、枣肉等食材熬制的和气汤。这是为了表达朋友之间要和睦相处的愿望。虽然这种方法并非所有学馆都采用，但在江南地区却是一种习俗。其他地区也有人采用这种习俗。

固定功课

　　从入学那天起，学生每天都有固定的功课。早晨到学馆，首先向座上的圣像作揖，再向先生作揖，然后坐到自己的座位上，把书放在桌子上休息。先生会喊道："来来，读书。"然后，学生开始读书。

此时，也有按照到学馆时间先后顺序点名站起的做法。没有签到簿之类的东西。学生们把书放在先生的案子上，打开书包拿出书本，把前一天学习的内容念三四遍，然后先生会拿起书本让学生背诵。学生要面向先生背诵前一天所学的内容。每天都是如此。如果背诵时有一个字错了，就要回到原来的座位上，然后先生叫起下一个座位的学生，传授断句等。

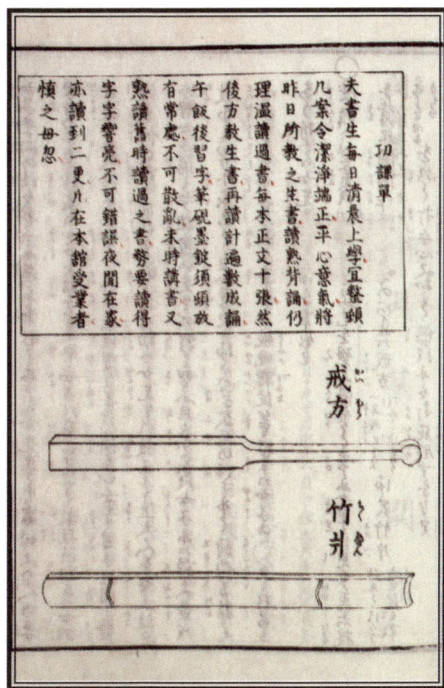

功课单　戒方　竹片

○ 传授句读

传授句读的方式是由先生先逐句口头教授，然后与学生共同诵读三到四遍，最后由学生自己背诵朗读。在这个过程中，学生使用红色的毛笔在句子旁边标记，句就是在这一行的右侧画圈标记，读是在这一行的中间加一点或者画小圈。如果有些字有两种不同的发音和意义，会按照它们的声调用小圈点标出其平声、上声、去声和入声。这种方法适用于教育十几个到三四十个学生。

○ 认字

对于学生人数不到十人的，刚开始学习时会使用块头字。块头字写在一寸平方的红纸上，每个纸片上写着一个汉字。每天逐渐记忆一个、两个、三个汉字，这被称为认字。例如第一天记忆三个字，第二天也记忆三个字，并夹杂前一天已经学过的字，以便再次温习辨认。这种教学方法是用来教授那些天赋较差、年龄较小的学生，以及由于学生人数较少而无法教授正常诵读学堂所用的方式。

○ 学习顺序

当学生认字超过三百个汉字后，就可以开始教他们读书背诵。当学习的知识逐渐丰富精进后，就可以开始读"四书五经"等经典。

○ 背诵复习

每天早上读书时，孩子必须容貌整洁、精神专注、意志坚定，断句准确，做到将每个字的发音和意义都学明白。读书时不能分心，东张西望，玩弄其他物品，并且要详细记住诵读的次数。如果达到了要求诵读的次数仍然不能背诵，就要继续诵读，直到能够背诵为止。如果还未达到要求诵读的次数就已经能背诵，也要继续诵读，直到达到要求次数为止。

已经学过的书要经常温习，每天都是这样。

○ 提问

学生如果有不明白的地方，可以向比自己年长的同学请教，而不是直接问老师。如果必须问老师，就要整理好衣冠，恭敬地离开座位，走到老师的桌前，说："某某不明白某个问题。"或者说："某书没完全了解，敢请问老师。"老师回答时应认真倾听，然后再返回座位。

○ 午饭

到了中午时分，附近的学生得到先生的允许，可以回家吃午饭，饭后要马上回到学馆。而距离学馆两到三町之外的学生则是由家里送来午饭，因此中午不需要回家。

习字讲授

在午饭后，学生开始学习写字。下午两点，老师开始讲课，学校里的学生都端正地坐着认真听讲。老师讲完后，成绩优秀的学生会讨论当天讲授的内容，并熟读当天所学习的书籍。

○ 习字之开始

写字时，不必在乎工笔是否熟练，但要求书写端正，避免出现歪斜和差错。在使用笔、墨、砚时，需要保持安静，严格禁止在砚台上乱写乱画。在刚开始学习写字的阶段，老师会教授以下字的写法，"上大人、孔乙己、化三千、七十士、尔小生、八九子、佳作仁、可知礼也"，这是固定的流程。老师会用红色的毛笔写出这些字体，学生再使用墨笔填写。

○ 执笔

握笔时，用大拇指、中指和食指握住笔的中段，掌心要空，这就是把笔的方法。

○ 磨墨

磨墨时不应该逆向磨，而是应该按顺序向右旋磨，这就是磨墨的方法。

○ 临书

写字的方法是将同一个汉字写三四遍。例如，当写"上"字时，第一遍是按照模板写，而第二、三遍则由自己书写。这就是练字的方法。用这种方法每天练习写字并持续改进，然后再学习《千字文》或者古代名人的书法字帖。学习书法字帖时应该将油纸覆盖在上面临摹。

○ 归家

到黄昏左右，学生放学回家。但也有的学生住在学馆里一个月或半个月。每天回家的学生大多是十四五岁以下，路远的学生都会有仆人按时来学馆接送。

从入学的第一天起，就教导学生回到家里要先向土地公和灶神祈祷礼拜，然后向父母、姐妹行礼，最基本的礼仪规范不能懈怠。

下学见人作揖
选自《清国京城市景风俗图》册 （清）佚名 收藏于法国国家图书馆

○ 作诗

教授诗歌写作时，先生的教学方法是让学生先写对句，最后再让学生写五言、七言绝句。写对句的方法是先写两三个字的古人名句形成对仗，再逐渐教授五字、七字形成对仗，并且进行清点修改。

在练习时，学生可以根据自己的兴趣使用韵书，没有固定的使用规则。

在学习作诗期间，先生常常要求学生背诵《唐诗三百首》。

○ 作文

对于天生有才气的幼童，即使只有十二三岁，先生也会教授文章写作方法，也会让他熟读《左传》《史记》《汉书》等书籍，并逐渐教授文章中的义理和体裁等。或者让他们轮流讲解先生所讲的书，如果有义理讲得不通顺的地方，会在讲完之后进行逐一纠正。在略懂句义和行文之法之后，先生会出题目让学生写文章，并对文法、呼应等进行指导纠正。

○ 神像

学馆中供奉的圣像左右两侧安放着文昌帝君、魁星的神像。这两位神灵都是执掌文采的神祇，所以读书人都非常尊敬他们。但也有的学馆不供奉二神。

○ 先生待客

当宾客来访时，学生会按次序站在先生身旁。先生和宾客行礼后，学生也会向宾客鞠躬致敬。宾客离开时，学生们也会行礼送行。如果先生没有让学生们出门相送，学生们会留在原地目送客人。等先生把客人送走后回到室内，让学生们坐下时，才可以坐下。如果宾客想要见某个学生，这个学生需要先向先生行礼后再向客人作揖，但客人离开时也不需要远送。除了这些情况，不允许学生和客人过于亲近。

○ 家庭执教

县令、同知以下官员或富人都会邀请博学的先生到自己家里教育孩子，相关的礼仪都是一样的。但必须使用名为"关约"的全帖拜请先生。或者三五家联合请一位先生来教育孩子。说起来，请先生到家里教育孩子的情况从什么时候开始已经不为人知。

如果当地没有合适的人选担任先生，就会从其他地方邀请先生来教育孩子。邀请先生的家庭需要建造学馆和内房、睡房，并让自家孩子每天前往上述学馆上课。先生的日常饮食也由主人家负责。有时会根据季节给先生赠送衣服。如果先生没有人伺候，邀请先生的家庭也会派遣书童、管童等两三个人伺候。

在每年十二月份，先生会收拾好学馆返回自己的故乡，然后在第二年的正月初十左右重新回到学馆教书。

○ 女子之学习

女性与男性上学的方法没有区别，但都由有才学的寡妇或良家妇女担任先生，每天去家中教授各家的女孩子。最初教授《女训》和《孝经》，之后再学习和男孩子一样的书籍，如《千字文》《百家姓》和"四书"等。学习的赞仪和束脩之礼也和男学生一样。开始学写字时，也有先生先教如何写"上、大、人"，之后不论男女，都要向擅长书法的先生学习写字。富家女孩子还会学习诗歌和文章。在小户的家庭中，女孩子如果对学习有志向，或者根据父兄的喜好，也会请老师来教授诗歌写作。除此之外，没有其他内容由先生教授。至于女性说话做事等日常礼仪，则通常是由女孩子的母亲来教导，但有时也会由先生来教导。

○ 功课单

在学馆的墙上会挂着一些称作功课单的告示，用来提醒学生们需要完成的功课任务。这些告示会经常挂在墙上方便学生们看到。如果有学生违反规定，偷懒捣乱逃避任务，就会被惩罚。作为惩罚，会使用一种叫做戒方或戒尺的木制器具，重罚时则用竹板制成的竹片，惩治学生。惩罚的程度根据情节轻重而定，轻者会打手心，重者会打屁股。

○ 学馆休日

学馆每年都有规定的放假日期，分别是三月清明节、五月初一到初五、七月中元节、八月中秋节、九月重阳节、十一月冬至、十二月二十日左右到下一年正月初十前后，这些假期称为"放学"。这些日期是每年规定的放假日，但有些地方仅在端午和中秋这两天放假。除此之外，日食、月食、国丧等时节都不放假，而是跟平常一样正常上课。

先生每年会在十二月二十日左右关闭学馆回家，直到第二年的正月初十左右重新返回学馆教学。他会在门口贴上红纸写明开学日期。学生看到后会在这个日期上学，这个时候并没有开学仪式。但如果有初入学的学生，就要按照平时的仪式，在圣像前供奉香烛供品等，举行礼拜仪式。

除了规定的日期，一年之中没有其他放假日。如果先生或学生家中有事的时候，也可以放假。但如果是学生有事，只给这位学生一人放假，其余学生照常上学。

○ 朔望礼拜

每月初一和十五，学生们早上准时到达学馆，相互作揖致意，等学生全部到齐后，由年长的学生领导全体学生前往圣像前烧香参拜，并向先生行礼。这个时候先生也会起立作揖。

○ 谢礼

邀请先生到家中教学的家庭，每年给先生的答谢礼金为五六百两。如果三四家合请一位先生教书，则商定每家每年的礼金为一百至二百两不等，但必须先得到先生的同意。去学馆读书的学生每年要缴纳的修仪费用为五十至一百两不等，不论家庭贫富，每年都要分三次缴纳，缴纳的时节是三节（端午、中秋、岁暮）或者五节（立夏、端午、中秋、冬至、岁暮）。礼金的形式为银包，如果包的是碎银，银包要写上"星几块"，如果是整块的银包，要写上"元几块"，但不注明重量。银包是用红纸做成的封筒，封好后贴上纸条，纸条上写"脩仪"，放在叫做拜匣的盒子里，由仆人送给先生，先生需要出具收取谢帖。

○ 义学

各地都有义学，义学是由当地的大官、富家等有志之士出资雇请先生，借用乡间祠堂等地方作为当地的学馆，用于教导那些家境贫困、没有能力支付束脩等礼仪费用的学生。义学的教授方法及其他起居方式等与间学相同。

○ 乡试

一旦学生在学业上取得进步，并熟悉了写文章和诗词的基本技巧后，就可以与好友和师长讨论经义，然后参加乡试考试，但这仅适用于有志之士。

掌管乡试的官员称为"主考官"，他们之前经历过考试，在朝中翰林院、詹事、科道、六部、九卿等任职，受朝廷派遣来执事。

乡试共有三场考试。第一场考试的主题是"四书"中的句子，要求写三篇文章和一首五律诗。第二场考试的主题是"五经"，要求每本经典写一篇文章和一篇论文。第三场考试要求撰写五道文书和一份奏章，这就是所谓的乡试。

完成乡试后，考生还需要参加县和省级的考试，考试通过后就可以入选。

册四

御帙

卷六　生诞

妊娠

　　孕妇怀孕四五个月的时候，可以根据孕妇的身材胖瘦和腰围长短，用绸、绢、纱、绫、棉布等材料制作成一条肚带，也就是腹带。将肚带缠在腹部，平时孕妇要注意尽量让身体静止，不要过于劳累，同时也要注意不能举重物或者向高处伸手。饮食上应该尽量清淡，以有利于胎儿的成长。怀孕后家中应该请一个稳婆，也就是接生婆来照料，每隔三五天给孕妇按摩一次腹部。

出产

○　出产

　　快到预产期时，需要为生产准备草纸和褓褓。临近生产时，家人在床上铺好褥子，让孕妇躺下来，让稳婆为孕妇按摩腹部。在分娩时，稳婆会抱住孕妇的腰，根据需要助力使劲，帮助胎儿顺利产出。婴儿出生后，稳婆会抱起婴儿检查他的手脚和身体各个部位。稳婆使用竹篦切断胎盘，用绸子扎紧脐带切口，包好后系在腹部，再用甘草汤大体洗净婴儿，用手指伸入婴儿口中洗出淤血，擦净身体。再用棉布或绸片将婴儿包裹好，用褓褓包好，横着抱在怀中。然后把产妇转移到产屋，又叫产台。

○ 产台

产台就是在普通床上左右堆放多层褥子，让产妇安坐在中间，保持身体不动。通常在产后十天或七天左右，产妇不能平躺。如果没有大出血或瘀血的情况，五六天后也可以让她平躺。

产妇坐在产台上后，立即开始进食糯米粥。但不能一次吃太多，需要分时段按次逐渐少量进食。最初几天以糯米粥为主，之后再逐渐加入其他食物。在三十天内应避免吃鱼肉油腥等食物，在五到七天内忌口姜辣和咸味食物。等到七天后可以逐渐开始食用少量咸味食物。

在产妇坐在产台期间，由上年纪的妇女和阿妈们日夜守护，以防止产妇头部下垂或身体斜倾，并留意防止产妇受寒感冒等。家中也需要保持安静，不得有高声喧哗或物品摆动的声音，以充分保证产妇静心安睡并保养身体。

产时事项

在分娩时不需要请医生或服药。如果产前或产后没有其他病症，也不需要请医生。但如果出现危险如大出血或难产等情况，则需要请医生。如果出现大出血并来不及请医生，人们会将石头或铁物烧热，并在瓷器中加入醋，放到产妇鼻子附近，将烧热的石头和铁物浸入醋中，让产妇闻到气味而醒来。此外，有些人会在产后立即饮用一大茶碗童子尿，据传可以治疗大出血。

○ 胎盘

将胎盘装入小瓷罐中并加盖封好，然后在家里一块干净空地上挖掘一个深度为三四尺的坑，将其埋置，以后不再移动。不需要选择埋置的位置或添加任何物品。在古代，有一种将胎盘与一文古钱一同埋置的说法，但现在已经不再使用了。

○ 洗婴儿

清洗婴儿时，可以往甘草汤中加少量盐，搅拌均匀后将婴儿放入小盆中清洗。只需要大致清洗掉血污即可。清洗后，可以使用腻粉细末擦遍婴儿全身，然后再用襁褓包裹。腻粉的作用是除湿。

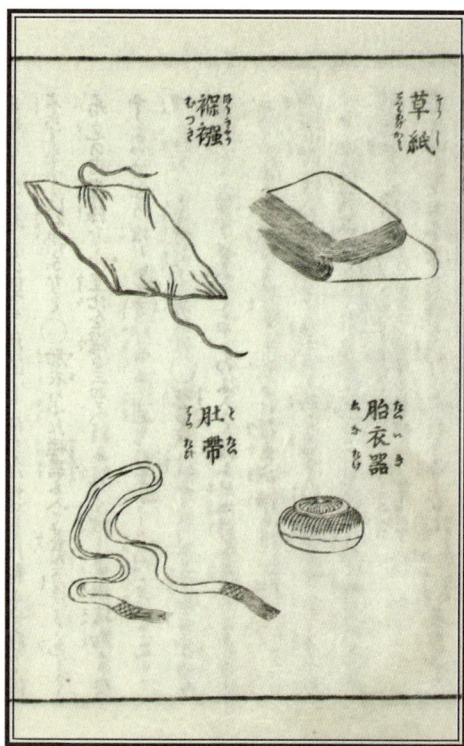

襁褓　草纸　肚带　胎衣器

○ 脐带

脐带被剪断后，用绢丝系好切口，贴在肚脐旁，再用绢丝缠绕外面。六天后，再解开看看切口是否干燥。如果已经干燥，那么脐带会自行缩进肚脐内，此时就可以取下绢丝。在切断脐带时，应该留下约两寸长。如果太长，干燥后会出现问题，太短则容易感染风湿。

○ 哺乳

婴儿在出生二十四小时后才可以吃乳汁，但也有人在二十四小时内就喂了的。在此期间，可以给婴儿喝牛黄、黄连汤等中药或者捣碎葡萄、大枣煎煮出的汤，用来排除胎毒。如果胎毒不多，就不需要用牛黄。

在喂养期间，如果母亲有乳汁，就应该喂母乳；如果母亲没有乳汁，就可以请亲戚中有乳汁的妇女来喂养。

○ 汤饼会 起名

婴儿出生后第三天或第五天，主人会用面粉做成饼庆祝，称为"汤饼会"，也称为"三朝"。这一天是给男孩起乳名的日子。男孩的名字通常使用吉利的字眼，如阿福、阿寿、官哥等。吉利的字眼表达了可喜可庆的美好愿望。

总的来说，女婴不会起小名。只有当女孩长到十四五岁喜欢写诗或擅长书法时，才会有起名字的情况。除此之外，女孩通常被称为一娘、二娘、大姐、二姐。一娘或大姐是指排行最大的女孩，而二娘或二姐是指排行第二的女孩。娘是尊称妇女的俗语，但子女对母亲也会称为娘。父母称女儿为某娘，则是一种爱称。出嫁后，女孩会使用娘家的姓氏。如果姓王，就会被称为王娘；如果姓张，则会被称为张娘，其余都类似。

有很多女人一生都不会用自己的名字。

在汤饼会这天，人们会用汤水给孩子洗澡，如果是冬天，则只会擦拭。给婴儿穿上带袖的衣服，邀请亲朋好友举行庆祝酒宴。亲戚们会送三个或五个染红的鸡、鸭蛋作为礼物，主人也会送鸡蛋和饼。在三朝之前，亲戚之间不会送婴儿衣服作为礼物。这种礼物双方都不需要礼单，并根据季节情况选用鸡蛋或鸭蛋。

满月

当婴儿出生满三十天时，便会被称为"满月"或"弥月"。无论男婴女婴，都会举办一系列的仪式，包括剃胎发、汤浴和前往寿星菩萨寺庙参拜。寿星菩萨被安放在各地寺庙中，代表南极星，在家中也会举行庆祝宴会并邀请客人参加。

在剃胎发后，人们会将茶叶嚼碎，涂在婴儿的头上，也有人用杏仁或薄荷。剃下的胎发则会捆成束，用五彩线系起来，挂在婴儿睡觉的蚊帐里。

百日

等到婴儿满百天时，主人会再次庆祝，客人们会向主人家送来鞋袜、肚兜、衣服等物品。亲戚朋友也会送来鱼肉或鞋袜等礼物来表达祝贺之意。此时也无需准备礼单。

周岁拿周

婴儿出生满一周纪念日，被称为周岁。为了预测婴儿未来的前途和性情，家人会在客厅放置一张铺着毛毡的桌子，并摆上笔墨、书籍、金银、算盘等物品，让婴儿自由抓取。如果婴儿抓起笔墨，那么将来可能会善于写作；如果抓起书籍，将来可能会爱好学问，以后主人会教他学习书法和儒学；如果抓起金银、算盘，那么将来可能从事商业买卖。在婴儿周岁时，主人也会举行庆祝宴会，亲戚朋友也会送上礼物，与满月时候的情形相同。

胎发

有的婴儿在出生时胎发就被全部剃掉，但也有的在脑后、额前、头顶等部位留下一点总角状的头发。有些会在四五岁之前胎发才被全部剃去，并开始留发编成总角。从婴儿时期起都要戴花帽子。

女子发型

女孩会在额头或脑后留下少量的头发，等到十岁左右把额头的头发剪成五六分长的披发，梳到前额上，类似于日本的"切秃"发型，再戴上类似于额头巾的装饰物品。

等女孩长到十三岁以后，都会留起头发，戴上头巾，大的叫包头，小的叫包搭。发髻盘成云髻，还会佩戴金银珠宝等发饰。发髻的样式根据个人爱好而不同，女性还会使用香油保持发色润泽。

浩然巾

年老时有些人会戴一种名为浩然巾的帽子来御寒。

庆祝生日

总的来说，婴儿在出生后只在周岁时庆祝生日，之后不再庆祝。到了十岁生日才会再次举办庆祝活动，之后每十年庆祝一次生日。

缠足

女孩通常在七八岁时会缠上一种叫做"包脚"的棉布来束缚脚前半部分，防止脚部长大。这被认为是女性最重要的事情，因此女孩七八岁以后不能轻易外出。如果需要远行，则需要坐轿子而不是步行，如果需要步行去近处时也要由女佣等人陪同搀扶。但是贫穷家庭的女孩不会缠脚，因此从小就可以自由行动。这种女孩缠脚的习俗始于哪个时代并不清楚。

婴儿之枕和婴儿抱法

婴儿的枕头由棉布缝制外皮，里面装上清凉的茶叶或菊花等。没有在枕头内放置红小豆等东西压在婴儿腹部的情况。在婴儿周岁以内，需要将婴儿横抱而不能是竖抱。在出生后的五到七天内，应该在婴儿身下铺上褥子，让他静卧。

稳婆谢礼

给稳婆的谢礼根据各家贫富身份不同而有所不同，可能是银三十两、五十两或一百两，有些大户人家也可能会赠送衣服或缎匹。

乳母

当婴儿出生后，如果母亲没有乳汁，就会雇用一名乳母来哺育孩子，此乳母又叫养娘。等孩子成长到五六岁时，便会给孩子断奶并解雇乳母。如果这个孩子长大后当官或家境繁荣富裕，而乳母却没有子孙或其他依靠时，这个孩子就会将乳母接到家中养老。

乳母的工资是每月三十两或四十两的银子，需要乳母自己准备衣物和行李等。如果雇用的是来自乡下的贫困之人，则每月工资是七八两至十两。这种情况下，衣物等物品都是由主家提供的。

除非有特殊原因，否则不会出现终生雇用乳母，或者由主人送嫁的情况。

卷七　冠礼

冠礼

在清朝时期，古时候的冠礼仪式已经消失了。并没有男子在特定年龄加冠的规定，也没有在十三四岁时庆祝元服即加冠的情况。女子也没有在特定年龄举办上笄仪式的做法。十岁以上的女子一旦定亲，就代表成年。这个时候会举办庆祝仪式，但所举行的并不是上笄仪式，而是为了庆祝女子定亲许嫁才举行的酒宴。

男子发型

男孩从三四岁开始，便将中部的头发留下梳成总角状，或者分在两边扎成两个角状。剩下的头发则会被剃掉，仅剩发际线处留有头发，并戴上花帽。

加冠之际

在男孩长到十三四岁后，主人会选择天德、月德等吉日加冠。加冠当天，将剃发师请到厅堂或者房中，由仆人在面盆里放上热水，男孩坐在椅上。剃发师用热水把头发打湿，除了顶部的头发外，将其余部分的头发全部剃光。然后用木梳将顶部头发梳通，用竹篦梳子梳掉污垢后，分成三股打成辫子，再用红、蓝、黄丝线系住发梢，并戴上帽子。到男子二十多岁时，使用花色、黑色的丝线系住发梢。男性在家中会戴睡帽，外出时则戴大帽子。但是加冠当天并没有邀请亲戚来庆祝的做法。

总角　花帽　辫子

剃发人和剃头店

　　剃头匠是一种低贱的职业，他们以剃发和梳头为生。每次给人理发，工钱是五六十文，并在剃头结束时支付。当童子加冠、初次剃头时，剃头匠的工钱是一百文。儿童时期不需要由剃头匠理发，通常会由家中的奴婢等人来剃头，每个月剃头梳头两到三次。

　　此外，也有剃头店。这些店里雇用两三个帮手，当底层人士前来剃头时，他们将会收取十到十五文的服务费。理发并没有固定的价格，依据客人情况不同而价格也有所不同。

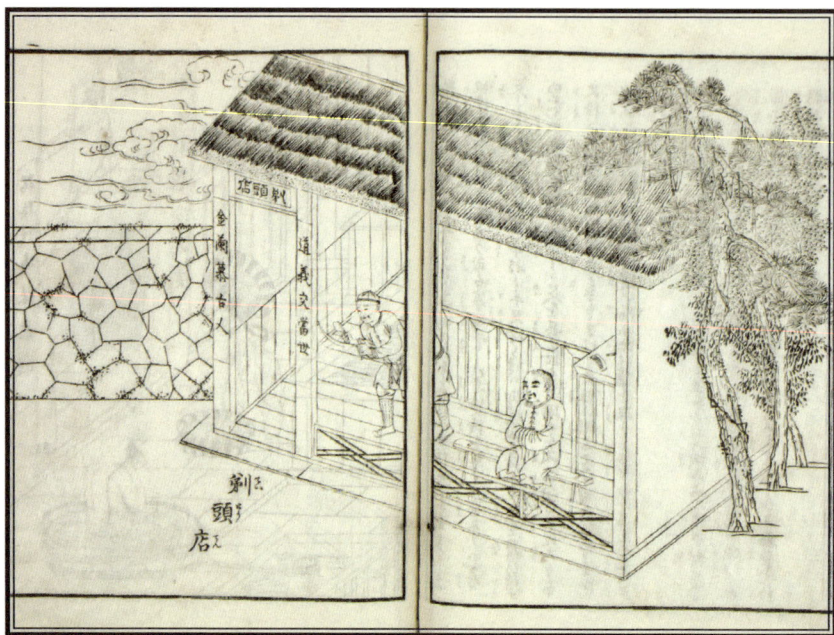

剃头店

女子发型缠足

女孩通常会在前额或脑后留下一些胎发。从四五岁就开始养发，并用绸子将脚尖紧紧包住，以免脚长大，这被称为缠足。女孩十岁前后可以披发，将前额的头发剪成五六分，散在前额，戴上类似于额头巾的发饰。女孩十二三岁以后开始养发，用菜油滋润发色，盘起发髻，再戴上类似发包的包头。

上笄

女性一旦订婚，应在纳聘后选择吉日剃除头发边缘、眉毛等处并插上笄，这被称为"上笄"。同时在家中宴请亲朋好友祝贺。女性的发型由侍女梳理。

各种礼仪

男孩到三四岁能够自己吃饭时，应坐在母亲旁边，由母亲首先教会他如何正确用右手拿筷子，左手端碗。吃饭仅限于一日三餐，不得随意吃零食。父亲应教导他各种礼仪，比如亲戚来访时如何作揖、叉手和叩首，以及尊敬长者、兄弟和睦礼让的道理。

作揖是将两只手合在一起，弯腰合手到膝盖附近。叉手和拱手相同，将两只手合在一起，之后弯腰。

男孩到了五六岁开始学习，士人家庭自然就不用多说了，农民、工人、商人的孩子也应该开始学习读写，七八岁时应教他们修身正行、尊敬祖先以及家族振兴和光宗耀祖的道理。

条件优越的家庭会邀请先生到家中授课，极贫困的家庭则应送孩子去义学，中等家庭则送孩子去学馆，学习诗书正义、写诗作文，同时教导各种为人处世的礼仪。如果孩子有不端正的行为，先生会斥责或惩罚，严禁再犯。尤其是严禁说谎。

至于射箭、骑马、算盘等技能，则应根据个人兴趣爱好而学习。

女子教育

女孩在成长过程中完全由她的母亲照顾。她接受包括饮食礼仪等方面的教导，与男孩是一样的。

当女孩五六岁时，开始学习生活起居的礼仪和行为规范，不许随便大声喧哗，需要注意言行举止稳重，做事忠诚。在十岁之后，女孩开始学习绣花、针工和纺织技能。由于大户人家通常会把衣服交给缝匠制作，因此只需要教女孩缝制荷包、烟包等技能。但如果情况允许，有时也会教女孩制作衣服。如果母亲不擅长绣花等技能，则可以请邻居或专职于绣花事务的绣娘到家中，为女孩传授相关技能。

女孩七八岁之后，也会请女教师教写字、阅读和诗歌创作等技能，详见闾学部分。十三岁之后，女孩不允许出闺门见人，通常会将她的居室设在楼上，建有房门，严格限制她的出入。

至于烹饪等方面的技能，通常随女孩的心性，没有专门教导的情况。

卷八　婚礼

说亲

当男子长到二十多岁时，他的父兄会替他张罗娶妻。如果想要娶某家未出阁的女子为妻，则必须先派自家认识的人前去女方家中说亲。

○ **说媒**

当媒人到女方家中拜访主人进行面谈时，主人到外厅迎接，问："先生请进，您有何见教？"寒暄之后，主人说："请坐。"媒人答道："就坐。"施礼后，媒人就坐在椅子上。然后媒人说到此事："某某的公子想要娶您的女儿为妻，我是前来说亲的。"女家主人听后回答："小女子无才无德，恐怕难以胜任。"这是在表示拒绝的意思。媒人再三请求时，有些主人会先送走媒人再回头与女孩的父祖伯叔商量后回复媒人，也有些会立即请出父祖伯叔坐下来商量并同意的，还有一些则会由主人日后亲自去媒人那里拜访回复。如果主人没有父亲祖父的，则由叔伯代为接待。而如果过去主人和媒人来往频繁关系密切，就不需要到外厅坐下交谈，而是直接在内厅后轩接待。

聘定

男女之间，有些人在幼小时就已经下聘订好婚事，也称为订亲。还有些人在十四五岁的时候说亲。

再醮招赘

在幼小时就已经订婚，如果一方在结婚之前去世，另外一方需要穿着规定的丧服举行葬礼并守丧。丧期结束后，如果女方想再嫁，就必须先与男方家中商量。只有男方家中同意，女方才能再嫁。这被称为"再醮"。如果男方提出已经订婚，并打算招一名赘婿进家门再娶女方为妻，那么女方即使有异议，长大后还是要遵守约定，嫁到男方家中。

如果去世的是女方，男子在女方丧期结束后，就可以娶其妹妹。如果女方没有合适的妹妹可以嫁出，家中就要给该男子另行说亲。

申告

总体来说，普通人结婚不需要向街长或官吏及其他官长报告。

媒人

媒人又称为"冰人"或"中人"。主家可以拜托熟悉的亲戚朋友，或者来往密切善于言辞的阿妈，也可以是接生婆即稳婆，来私下提出请求。或者让阿妈私下向女主人介绍说某处有多大的闺女适合做儿媳，问府上愿不愿意娶。有时候，也会先由阿妈介绍，男方家再托亲戚朋友作为正式的媒人去说亲。

当媒人得到女方的答复后，来到男方家，男方家中需要准备酒菜来招待媒人。也有人会选择在特定的吉日举行宴会。女方家中同样需要做出类似的安排。等婚姻谈成后会给媒人相应的谢礼，根据各家的财富状况，谢礼的金额也会有所不同。

授茶

如果双方同意，两三天后就会选择一个吉日，例如天德或月德等日期，送去聘书。这时男方家中会送给女方许多小锡罐装的茶叶，数量在十罐到一百罐之间不等。这个不叫送茶，而叫"授茶"，因为据说茶叶不需要移植根就可以结籽，因此古时候人们都用茶叶作为结婚贺礼。这是一个古老的传统。

订婚书翰

订婚的书信和茶礼是派男方家中地位较低的女婢送去的。男仆称奴，女仆为婢。也有的会托媒人带去。媒人也有乘坐轿子送去的情况。

送礼人来到女方家中后询问："有人在吗？有事想请教！"负责接待的奴仆出来，接上书信和茶叶，接收时没有固定的规矩，奴仆将口信转达给主人。主人收到书信后会立刻写回信，由负责接待的奴仆转交给来送礼的人。如果是媒人来送礼，主人会亲自出面接待。

送盘道日

数日后，男方家中会再次选定吉日送盘，也就是送来聘礼。礼物包括绸缎布匹、珠宝首饰、笄、戒指等。送的礼物包含笄和戒指，称为"上笄"。上笄是指女子第一次在头发上插上簪子。

这个时候，男方将选定的结婚吉日通知女方家中，这被称为"道日"。道日是俗称，指的是通知吉日，并将选定的吉日通知女方家的意思。女方家中接到男方择定吉日通知后，如果没有不便，就会立即开始准备结婚事宜。如果对吉日当天有异议，就会和媒人商量再选另外的吉日。这个吉日通常会请阴阳先生或道士选定。

在这一天女子会剃掉额前头发，戴上包头并插上笄。

书简目录

当男方来送盘的时候，会将目录和书信一同送到女方家中。有时也会请媒人去送聘礼。男女双方家中都需要给送信人一些银钱作为酬劳。书信上由男方父亲签名。如果男方没有父亲，则以叔伯长兄的名义发出书信。接受聘礼时没有固定的仪式。

回帖

女方家中接受前述的聘礼后的第四五天，也需要送出一些礼品。然而，女方所赠送珠宝绸缎布匹等物品种类与前文所述不同。对于丝绸、缎子和珠宝等物品，必须注意不能与男方送给女方的礼品种类和样式相同。这被称为"回帖"，即作为对男方所送礼物的回应。这时，女方家中也要把女方的生辰八字一并送去。

送妆奁

根据双方的礼物交换情况，男女家中开始准备婚礼所需的物品。女方家中在所有准备工作完成后，大约在婚礼吉日前三天左右，将嫁妆送到男方家中。

妆奁目录

　　女方家中派使者将嫁妆送到男方家中后，男方接待者按照目录进行清点接收整理，并给使者一些赏钱。搬运嫁妆时不使用抬板，而是每件嫁妆由两个人用棒子抬运，抬运人数越多，越显出尊贵体面。

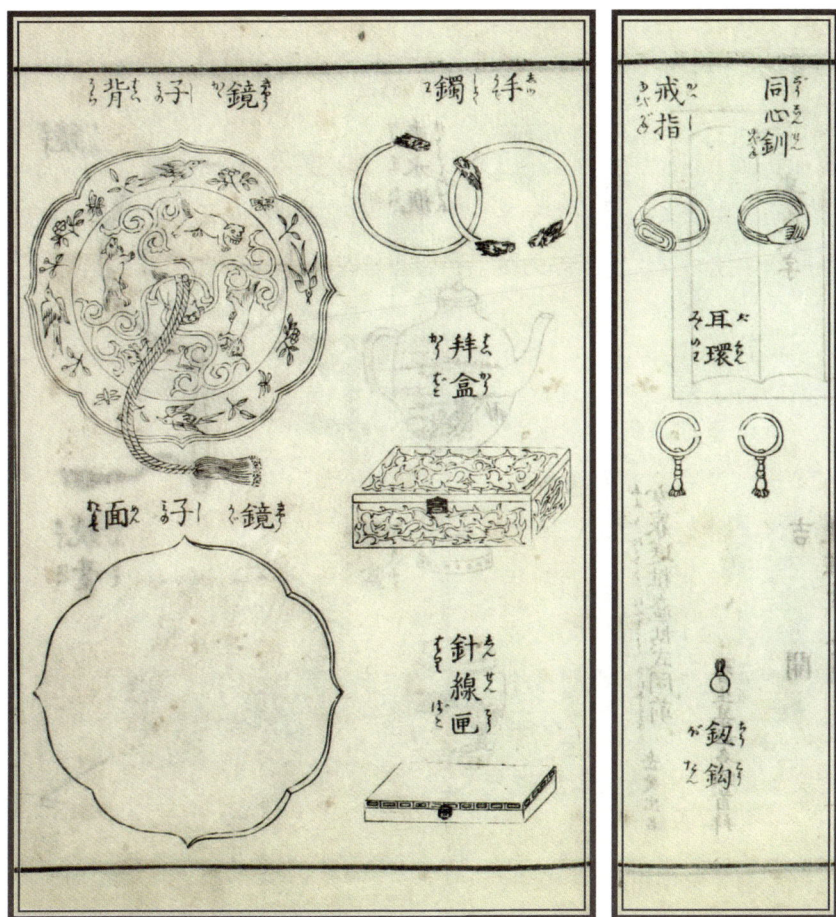

镜子　手镯　拜盒　针线匣　戒指　同心钏　耳环　钮扣

迎嫁（一）

○ 亲迎

在婚礼当天的下午三点到五点之间，媒人来到男方家中说："如果一切准备就绪，请一同前往。"于是，新郎换上了一身全新的服装，与平日的着装相比更加华丽，但没有固定的颜色和款式。准备一辆花轿，用缎子、绸绢等装饰得非常精美，由新郎家中负责准备。乐队由法师、艺人等人组成，其中还包括一些盲人，他们平时以演奏音乐为生。乐队跟随新郎一同前往女方家中，这被称为"亲迎"。有时候男方不亲自前往，而只由媒人代替前去迎亲。媒人和新郎都坐在花轿里。媒人的花轿在前面领路，其次是新郎的轿子，后面是花轿，按照顺序连接行进。

○ 试才

新郎来迎亲时，岳父会在家中厅堂中央摆放一张书案，准备文房四宝，也就是纸、墨、笔和砚台。这些用具是岳父为了试探新郎的才艺，在云笺上写下诗题或文章标题，让新郎完成。通常，诗文的题目是由岳父来出的。但如果新娘对诗文感兴趣，也可以由新娘来出题。

试才

迎嫁（二）

○ 媒人

家庭成员超过十四五人的被称为大户，大户家庭有两个媒人。男方的媒人不去女方家中，女方的媒人也不去男方家中面谈。家庭成员在六七人以上的被称为中户。尽管如此，在婚礼前后的宴会上，双方的媒人都会前来帮忙。但是媒人的妻子则不会来参加。

迎嫁（三）

○ 女家闭门

当新郎的轿子抵达女方家大门前时，女方的仆人立即关闭大门，向新郎讨要赏钱。与此同时，新郎的随从向女方的仆人递上赏钱，并请求开门让新郎的轿子进入。这笔赏钱的数额根据家庭的贫富程度而有所不同，可能是五十两、一百两或二百两。

迎嫁（四）

○ 第一道书翰

当天晚上，男方需要向女方发送三封书信。第一封是关于迎亲轿子的信函，第二封是催促女方家中准备婚礼的信函，第三封是通知合卺仪式的信函。在距离女方家半町之前，媒人从怀中拿出第一封信放入拜匣中，派人送到女方家。女方收到信后，主人出门迎接。

迎嫁（五）

○ 新郎入门

来到女方家附近时，媒人和新郎都从轿子下来走到女方家的门前。女方家主人到厅堂即外厅门前迎接。女方家主人礼貌地拱手行礼，说："请上坐。"媒人也行礼说："今天真是恭喜。"女方家主人说："请坐吧。"媒人拱手说："冒犯了。"然后，他们就在椅子上坐下。新郎一直跟在媒人的后面，一切听从媒人的指示。

媒人新郎进门之图

亲迎

迎嫁（六）

○ 花轿乐工

男方随从将花轿抬到新娘的内房，也就是她居住的房间门口，并让乐工在后面的一间房间里等候。

迎亲队伍
选自《院本清明上河图》　（清）陈枚 等绘　收藏于中国台北故宫博物院

迎嫁（七）

○ 女家酒宴

女方家中主人亲自给媒人送上茶，向媒人表示感谢："今晚您辛苦了，请您喝茶。"媒人站起身，接过茶碗，说道："不敢当，谢谢您。"然后回到座位上，开始品茶。

女方的亲戚朋友等人作为陪客，向媒人寒暄问候道："今晚您辛苦了，玉成美事，请坐！"媒人站起身说："请坐，请坐！恭喜，恭喜！"

大家互相行礼之后，媒人重新回到椅子上坐下。主人进入内宅后，陪客中的亲戚朋友们也在椅子上就座。这时，仆人端来茶水，向每个人递上茶。之后又端出桂圆汤、扁豆汤或杏酪、鸡豆汤等甜品，都是用糖水煮制而成。

○ 婚礼之用语

用完餐后，仆人首先在媒人面前放置餐桌，然后在每位客人面前摆放餐桌。这时主人出来说："请坐！"让每位客人就座，并拿起酒瓶，为媒人斟酒。媒人站起来说："得罪了。"然后接过酒杯放在桌子上。主人又给每位陪客斟酒。陪客接过酒后对媒人说："请您喝！"媒人举起酒杯饮酒，其他陪客也跟着一起喝。这时，主人说："上菜！"仆人端出菜肴，放在桌子上。主人说："请吃菜！"媒人站起来说："非常感谢。"陪客用筷子夹起菜中最好吃的部分，对媒人说："请您吃！"媒人对陪客说："请您先，请您先。"互相谦让之后，媒人先吃第一筷子，其他人也随后开始下筷子吃菜，喝酒。酒宴的仪式详见宾客仪式部分的介绍。宴席上必须说一些吉祥的话，但有一些词句必须避讳，不能提及。一般不说薄酒，寡酒，而是要把一双说成"成双"，收席时也要说"成席"。所有的数字都忌讳使用单数，而必须用双数。

迎嫁（八）

○ 第二、第三道书翰

媒人根据时辰向女方家人递送第二封书信。当第二封通信送出后，新娘开始更换衣服。预计新娘梳妆打扮完成后，媒人再递上第三封书信。这个时候媒人说："感谢盛情款待，深感您的情义厚重，请成席。"于是，女方主人根据情况，结束宴席。新娘打扮好直接从内房门口出来，坐上轿子，由仆人们将轿子抬到厅堂。等媒人起身行礼并先出门后，仆人立刻将新娘的轿子抬出去。女方家中的女性亲戚将新娘送到内屋门口，而亲朋好友则送到外厅门口。

○ 迎嫁归

随后，新郎也站起来向主人表达感谢，说："感谢岳父对我的疼爱。"然后向陪座的客人们说："诸位先生，失陪。"之后，他向外走去。其他客人也站起来送行，新郎说："不敢不敢，请留步。"等新郎走出厅堂时，主人站在门前行礼。媒人在门前向主人和亲戚朋友行礼后，先走到门口上轿。等媒人的轿子抬起后，新娘的轿子也加入行列。并没有将新娘的轿子面朝后倒退着抬出来的做法。

除此之外，祖先曾担任四品以上官职的人，他们的后代可以使用执事等仪仗。四品以上的官职包括知府、布政司等职位。红灯、执事也被称为鸾驾。也能使用鼓乐、旺相、红黑帽、喝道等人员。

新娘的轿子走后，新郎也上轿。

当抵达到男方家附近时，媒人派人先到男方家中报信，通知新娘即将到达。

迎嫁（九）

○ 新娘到时

男方家中安排人在门前等待新娘的到来。媒人派来的使者进入内室后，立即向男方家中通报。家里也早已准备妥当。接到通报后，男方主人亲自走到门口，恭敬地站在那里迎接媒人。媒人下轿来到主人面前时，主人说："辛苦您了。"媒人回答："不辛苦。"主人将媒人请到厅堂，

女妇送出内房之图　　　　　　　新人花轿

鼓月　喝道　　　　　　　　　　亲迎归路行位

说：“请上坐。”媒人答道：“不敢当。”主人再三说：“请坐，请坐。”媒人说：“得罪了。”并在椅子上坐下。这时，主人和新郎一同进入屋内。如果新娘的轿子在此期间到达，那么就由旁边的女佣和侍女先将新娘搀扶下轿，再在两边搀扶着新娘穿过厅堂门口，带到媒人的后面站立。养娘也叫乳母，在一旁服侍。新娘穿着的衣服，内层是一件称为"披风袄衣"的普通衣服，外面是一件大红色圆领上衣。头上盖着一块红色的披巾，叫做"头面覆"。

二人小轿
选自《清国京城市景风俗图》册 （清）佚名 收藏于法国国家图书馆

婚礼（一）

○ 新人对面花烛

　　媒人站起走进宅内，将新郎领到厅堂，让新娘与新郎见面。这时，两个年幼的亲戚或仆人，拿着一对插着绘制有金银各种花草图案的红蜡烛烛台，分别从左右出来，站在新人的面前。这种仪式被称为"花烛"。新娘向新郎行礼，新郎回礼后坐在椅子上。而新娘则不在椅子上坐下。

婚礼（二）

○ 拜天地

新人拜天地

新郎新娘初次见面后，新郎的父母来到客厅，在椅子上就坐。新人夫妇一起跪拜天地，接着拜祖先，然后向父母行礼。拜礼结束后，两位新人由身旁的女佣、养娘带领，进入房内。随后母亲离开客厅进入内厅。父亲对媒人和亲友说："请自便。"然后也进入内厅。客厅里的客人各自坐下交谈。仆人端出茶水，先向媒人，再向陪客献茶。喝完茶后，再摆上桂圆汤、扁豆汤、杏酪等食物，开始酒宴。主人走出堂屋，拿起媒人的酒杯，为媒人斟酒，并双手捧起酒杯表示感谢，说："敬您这杯酒，谢谢您的辛苦付出。"然后接下来给其他客人斟酒，说："辛苦各位奉陪，请喝得尽兴，随意畅饮。"

婚礼（三）

○ 合卺（jǐn）

新娘首先进入房间并站立，新郎随后进入房间。养娘说："先生请入座。"于是，新郎坐在床边。此时，身旁的女佣扶着新娘到床前坐下，拿出合卺杯，打开分成两个杯子后拿在手中，女仆们持酒瓶将适量的酒倒入两个杯子中，将杯子交替递给新人，让他们同时饮酒。这叫做"合卺"。杯子是用瓢或金银制成，可以从中间分开成两个。

饮完合卺酒后，才可以取下新娘头上的披巾，脱下大红圆领的上衣，换上天青色的上衣。天青颜色类似红橘梗，是清朝认为的吉祥颜色，男子不可随便穿着。如果祖先获得皇帝的允许，普通人也可以穿着。此时，也有母亲和亲戚中的妇女姐妹一同进入新房谈话和喝酒的做法。新娘不用回答问题，所有事情都由身旁的女佣、养娘代答。

合卺

○ 外厅之酒宴

在外厅，媒人和其他宾客饮至半醉，达到高潮时，一位较年长的仆人拿出用纸糊成的狮子，放在厅堂正中央。宾客们借着酒劲，在兴奋的氛围中争相夺取狮子的足和头。酒宴一直持续到第二天早上。新郎当晚不用参加宴会，也不用在外厅与客人们陪座，他向天地和家庙行过礼后，就进入卧室，直到第二天早上的酒席才会一起陪座。

○ 婚礼第二日

婚礼第二天，在聚会场所邀请乐工列席。从中午开始，安排新娘坐在外厅的主位上，父母和亲戚朋友一起喝酒，演奏音乐，跳舞。

到了当天傍晚，撤下桌子，然后摆上十六盘回千。回千就是撤羹盘。是在盘子一类的器皿中摆放上水果、山珍海味等。摆上回千时，新娘一般会待在房间里，不在外厅露面。

等到天黑时，养娘为新娘脱去衣物，然后送她进入睡房。

在这一天里，白天也点亮蜡烛来增加照明。到了晚上，才能结束宴席。这就是第二天的活动。

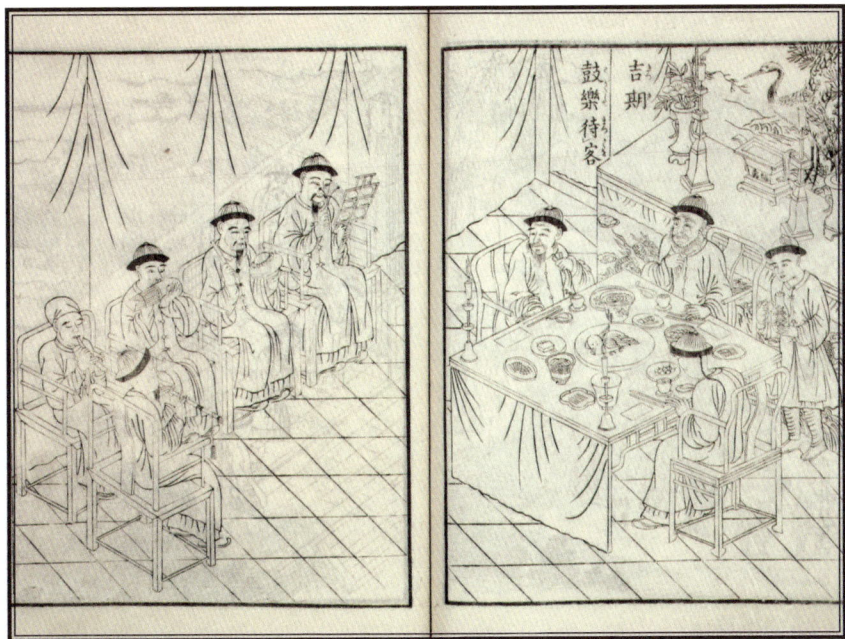

吉期鼓乐待客

○ 婚礼第三日

婚礼第三天，新娘一早起床，前往公婆的居室拜见完后返回房间。

新郎也早早起来，收拾好后前往拜见父母，然后回到房间。两位新人坐在一起共进早餐。

从这天开始，亲戚朋友纷纷前来祝贺。他们有的送来贺礼。新郎家中有的会写谢帖，对送礼的人必须给予赏封。还有一些人会在婚礼当天来送礼，这个没有固定的规定。

进门（一）

婚礼后的第三天或第五天，新郎会送去请帖邀请岳父和岳母前来。这被称为"进门"。邀请函会以新郎父亲名义送至其岳父手中。而对于岳母，则由新郎的母亲发出请帖邀请。有的还会设宴邀请亲戚和朋友。同时还会聘请乐师演奏音乐。

岳父岳母在日落前出门，如果路远，他们会乘坐轿子，如果路程较短，则会步行前往。然而，无论远近，岳母一般都会乘坐轿子。新娘的兄弟姐妹也会前往新郎家中，但是女性一般都会坐轿子。

进门（二）

当天新郎家门前有仆人负责接待，一旦岳父岳母到达，立即向屋内报告。主人和新郎站在厅堂门口或大门外迎接，以礼相待。主人说："劳烦您前来。"客人答道："哪里哪里。"主人领着客人进入厅堂。所有女性都称为"堂客"，她们同养娘等人在厅堂里迎接，站着寒暄一会儿。在这期间，养娘等人扶着新娘来到厅前，向堂客行礼后，一同返回内厅。

进门（三）

新郎家的主人与岳父、小舅子等亲戚拜见之后，热情地请他们入座。

新郎恭敬地坐在他们下边的位次，礼貌地陪伴。待客的方式与婚礼当天的方式是一样的。

进门（四）

在内厅里，新郎家也为新娘兄弟们的妻子女儿和姐妹们准备了酒席。陪客的是新郎的姐妹们和兄弟们的妻子女儿们。同时，新郎母亲也向亲家母亲敬酒。招待的方式与结婚当日的情况相同。

进门（五）

宴会进入高潮之后，宾客纷纷表示感谢，而主人则根据情况适时结束宴席。

回门（一）

进门过后的数天后，岳父会邀请新郎前往自己家中，新娘也会一同受邀前往，这被称为"回门"。

回门（二）

女婿踏入岳父的家门后，由岳父在厅堂门口迎接。女婿走到厅堂的一侧，恭敬地站着，向岳父拱手致意。岳父说："请坐。"女婿谦虚地回答："不敢当。"先不坐。岳父再三说："请坐请坐，我也要坐。"女婿答道："有礼了。"岳父先在主位上坐下，女婿随后坐下。其他亲戚朋友也都在席上与女婿见面。女婿站起来一一谦让说："请坐请坐。"然后一起坐在椅子上。

回门（三）

新娘的轿子被直接抬到内厅门口，她下轿后会在养娘的陪同下走进厅内。

回门（四）

在内厅里，由新娘母亲和她的姐妹姑嫂等人陪伴新娘并热情招待。父亲也不断地过来劝酒。当外厅的宴席结束后，内厅根据情况也开始散席。

女婿站起来向岳父道谢，然后走出厅门。这时，新娘也从内厅向母亲和姐妹姑嫂们告别，走到外厅，在外厅门口乘坐轿子，带着养娘等人离开家门。

回娘家（一）

新婚后一个月左右，新娘要回娘家探亲。这时，必须赠送各种礼物来表示对娘家人情事理的回报。礼物可以是时令水果和腌制的火腿，等等。

新娘在娘家逗留一个月左右后，由丈夫派人前来接她回家。这个时候，岳父也要赠送一份礼物。礼物的种类各不相同，这是古代新妇回家省亲的古老习俗。

回娘家（二）

当岳父家中想要见女儿时，可以派遣仆人去女婿家通知。这时，媳妇先请示公公婆婆，再询问丈夫是否允许她回娘家几天，并确定了回家的日期，然后给娘家写信。在约定的日期当天向夫家请假后，再回娘家。但是没有亲戚朋友邀请新娘回娘家的做法。也没有在第二年的正月或父母过寿辰等时候借机邀请新娘回娘家的做法。

册五

书帙

卷九　宾客

请客通知

宴请客人时，主人必须提前派人送去请帖，请帖上写明某天在家中准备了酒水等候光临。在得到确认参加的回复后，再向每位陪客发送请帖。请客当天，需要将厅堂和各处场所内外彻底清洁，做好酒宴的准备工作。

○ 贵客通知

请帖应用工整的楷体字书写在红色纸张上。向尊贵的客人发送请帖时，必须将请帖装入白色的纸封套中送出。普通客人不需要这么做，但都要派仆人送去。

○ 陪客通知

关于给陪客发送的邀请函，样式也没有什么特别之处。请帖中清楚地表明在某天邀请某人陪同参加宴席的意愿，并派仆人送去。但不能邀请比主请宾客地位更高的人作为陪客，因为这对主宾不礼貌。

道谢及谢绝之礼

关于宴请的谢礼，并没有由宾客在宴会前派人或亲自前往道谢的做法。如果因故当天不能参加宴会，可以准备一张致歉帖，并派人送去以表示歉意。应邀参加宴会后，应亲自前往道谢，即使往后推迟，也不能派人代劳。

做客之礼

客人当天不用携带任何礼物。初次拜访贵人时也不用携带任何礼物。所有的礼物都需要提前两三天送去，但也有人不送礼物。

送寿帐

选自《街头各行业人物》清代外销画　（清）佚名　收藏于英国大英图书馆

根据宴会的情况不同，所赠送的礼物也不相同。例如，在寿宴上送寿面、寿桃等。在汤饼会、满月宴等宴会上，则赠送猪肉、鸡蛋，以及一些婴儿用的花帽子、胸带等。对于临时的酒宴，则可赠送鱼肉、猪肉或时令水果等。

厅堂摆设

宴请时厅堂会有特别的摆设，首先在厅堂正面悬挂蜂猴图，因为"蜂猴"与"封侯"谐音，所以用此图来向宾客表示尊敬。或挂上一些寓意吉祥的字句、花鸟等字画。厅堂上面悬挂匾额。字画的左右两侧悬挂着祝贺吉祥的语句，或者由贵人、道德高尚的人所书写的楹联。厅堂的前面放置了一张高桌，并且挂上桌帷。桌上摆放着宣德等香炉，用来焚香。在厅堂里还摆放着一对锡制的烛台和一对花瓶，烛台上插着红色的蜡烛，花瓶里插满了各种应季的花草。当接待中等以下阶层的客人时，则不使用香炉和烛台，只是在字画前摆放青铜或瓷制的花瓶，里面插上多种花卉即可。

桌帷是用红色缎子、呢子等材料制成的，表面用金线绣上了麒麟、云龙、蝙蝠等图案，既有布面，又有里子。

○ 暖阁

寒冷的冬季时节，人们不再使用厅堂宴请客人，而是使用暖阁。暖阁下面铺着木板，四面不透风，座位下面铺上一层毛毡。如果没有暖阁，人们会在厅堂的地砖上铺上毯子，然后再铺上一层毛毡。

○ 椅子

桌子的正面摆放着椅子，椅子上放有两三层座垫。根据人数的不同，正面设有上宾的座位。侧面根据陪客的人数放置椅子，并同样铺上座垫。座垫是根据座椅尺寸，用缎子、天鹅绒制成，里面填充了棉花。夏季时，还会在座垫上铺上凉席和牛皮。椅子方向根据厅堂的朝向而摆放。

○ 挂灯

厅堂顶部有绘画，称为"画盖"。画盖各处悬挂上红灯、纱灯、羊角灯、垂丝灯笼和耀丝灯等。

结彩挂灯之图

厅堂的四面上方装饰着红色绸帷，每隔一两间的距离悬挂彩结。彩结是用红色丝绸编成牡丹花形状垂下。地砖上都铺设红色毡子。

座席

座席以正面为主座，主座的右侧是次座，左侧是三座。如果没有贵宾需要坐在主座位上，那么右侧将成为主座，左侧将成为次座。

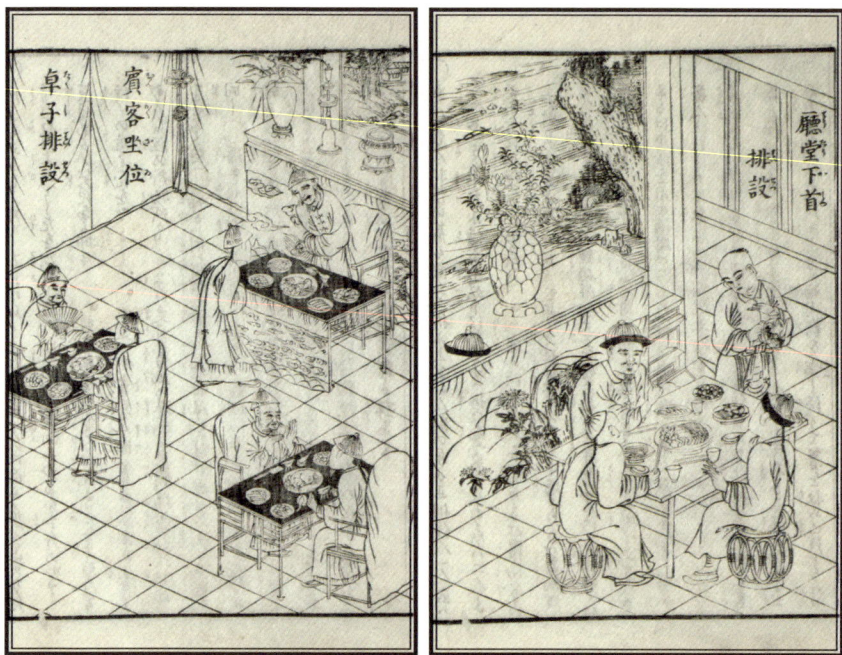

宾客座位　桌子排设　　　　　　厅堂下首排设

下座之装饰

在主座正对面的是下座，下座垂直放置了装饰性的屏风或大插屏。屏风前面放置桌子，并在大花瓶中插入鲜花或排列摆放各种绢花。

书房之装饰

厅堂的侧方是书房和小阁等房间，正面悬挂着书画挂轴，桌子上摆放着文具、书画卷轴、书籍以及珠玉装饰品等。

女性宾客

在邀请女性宾客时，主人会在内厅摆设餐席，其中的装饰品种和外厅宴请宾客的装饰相似。

菜肴

厨房会根据客人的数量准备菜肴，主人不需要额外点菜。菜肴的数量有固定的规定，包括六碗、八碗、十碗和十二碗。例如，点六碗时会有什么点心，点八碗时会有什么菜等，都有固定的规定。因此，只需要告诉厨师需要几碗菜，他就会按照固定的菜单制作菜品。菜肴的种类、做法等详细信息请参考饮食部分。

宾客座位

当邀请地位高贵的客人时，主人会单独为贵宾准备一桌宴席，而在另一张桌子上会有一到两个陪客。主人会坐在末座上，专心招待贵宾。

如果是邀请地位中等以下的客人时，主人会在与客人同一张桌子上安排一到两位客人坐在对面，而主人一方会有一到两个陪客同桌陪酒。

如果是贵宾，主人会在桌子上铺上呢子等材料的桌布，并让其边缘四面垂下，再在桌布上摆放菜肴。如果是一般的客人则不使用桌布。桌上会摆放象牙筷子、酒杯、陶瓷碟和调羹。每副筷子都会用纸包裹起来，并附上一根牙签。把纸叠成四方形，上面刻上福寿等字样，文字下面用红纸衬垫。根据客人的数量，主人会为每桌的每位客人准备一个酒杯和一套汤匙、餐碟，并根据每桌座席的人数，安排两桌、三桌、五桌不等。

宴席之规矩

官员和普通百姓都在桌子上进餐。无论是招待贵宾还是普通客人，所使用的餐具都是瓷制的菜碗、茶碗和碟盘等。用餐的方法是先用右手拿起筷子，直接从菜碗中夹取食物。吃完后放下筷子，再用勺子喝汤。并没有先喝汤再吃肉的做法。因为先喝汤是一种失礼的行为。上菜时，有时会上一道新菜后就把之前的旧菜撤走。但如果有些旧菜客人基本没有动过，也不会被撤掉而是留在桌上。然而，即使旧菜留在桌上，也不应该在上新菜之后再吃之前的旧菜，这也是一种失礼行为。对于烧煮烤的菜肴，从哪里开始下筷子夹取食物，从什么时候开始吃，都没有标准答案。在上点心和其他种类的食物时，也不会有上宾跟陪客寒暄的情况。

菜品上齐后，陪客向尊贵的客人示意："请享用。"这时贵客也回应："请您先享用。"然后再开始用餐。当主客与陪客共坐一桌时，上菜后陪客应先用自己的筷子，挑选最美味的食物，向主客示意让菜："请您先品尝。"于是主客开始下筷子用餐。

在寒冷的冬季，为了避免菜肴变凉，热菜在从厨房端出时必须盖上盖子。等放在桌子上后，立即将盖子取下撤走。

宴席进行之顺序

○ 一、催请

等到合适的时刻，主人会派人前往敦促客人："适宜时机，恭请到来。"

○ 二、更衣

当客人到达时，主人需要换上新的服装并戴上帽子。通常情况下，他们都会穿上华丽的新衣服，而主人和客人都不需要准备额外的礼服，衣服也没有颜色的限制。即使是官员，除了朝见和大祭之外，平时也不会穿着朝服。当民间人士拜见高贵的人物时，也不要求穿特定的正式礼服。

○ 三、门前迎客

如果是尊贵的访客，主人就会到门外迎接；如果是普通的访客，则一般在厅堂门口迎接。

门前迎客

○ 四、宾主礼让

当客人到来时，主人和客人双方互相作揖，作揖是指双手合在一起，身体微曲，合着的双手到膝盖位置。主人说："今天您光临，我感到非常感激。"客人回答："今天打扰您，请您不要感到烦扰。"主人抬手示意："请到客厅坐吧。"并将客人带领到客厅。主人站在位次较低的座位旁说："请您坐上座。"客人再三推让："不敢不敢。"然后站在主位椅子旁边。陪客们出来后，客人离开椅子，抱拳道："请原谅。"陪客也抱拳回礼。

○ 五、寒暄定座

两人互相礼让后，开始交谈，讨论着天气："真热啊""好凉爽""冷得紧""天气不错""下雨了""好久不见了""尊长，您身体还好吗？""您的身体是否舒适？""长时间未来拜访，真是抱歉抱歉"等等。彼此说着："请坐。"谈话的内容要避免冗长庸俗，只说必要的话语。客人先坐在椅子上，而陪客则坐在侧面的椅子上。若是尊贵的客人，陪客则不能坐下，而应站立侍候。如果是一般的客人，大家都坐下来。主人也坐在下垂首的椅子上。

○ 六、上茶

入座后，主人命人奉茶或献茶，而客人则谦虚地回答："不必劳您赐茶。"仆人用托盘逐个端出茶碗。茶是将茶叶放入碗中，倒入热水并盖上盖子，然后端出来。没有使用茶壶泡茶或为客人斟茶的情形，也并没有浓茶、淡茶等标准。主人离开座位接过茶碗，亲自送到客人面前，客人站起身用双手接过茶碗，左手端着茶碗，用右手取下碗盖放在椅子旁边。其他客人也各自取茶后，主人拱手说："请享用茶。"以贵宾为首，其他客人都开始施礼喝茶，主人也开始喝茶。喝完茶后客人举起茶碗说："请收下茶碗。"仆人端着托盘前来，按照顺序将茶碗收入托盘中。放茶碗时要轻轻放下，不能发出声音。仆人在接过茶碗时不能背对客人，必须逐渐向后退着端走，这是招待客人的礼节。仆人在厅堂门口等候，等客人喝完茶后，立即端出托盘。此外还有上两次茶的情况，都是为了表示对客人的尊敬。在平常的宴会上，与这种情况不相同。

○ 七、茶点

随后，主家将龙眼汤、扁豆汤等点心放入带盖子的茶碗中，并将茶碗放在盘子上。并放入用银质、锡质或陶瓷制作的勺子，由主人亲自向每位客人推荐。客人品尝完毕后，仆人走上前来，将茶碗撤下。

○ 八、上烟

上烟的时候，客人的随从们从口袋中取出烟管和烟包，又称烟袋，请求主家转交给他们的主人。主家的仆人接过烟袋后，分别呈递给各位客人，并在放有火的手炉中将烟袋点燃，放在客人面前，客人便开始吸烟，并互相交谈。在唐国并没有类似的烟盆这种设备，虽然有"烟盘"这个词，但并不了解具体的制作方式。主人会提供放有火的手炉或痰盂，但并不提供烟叶和烟斗，这些都是客人自己带来的。主人提供痰盂的情况也非常少，一般都会把烟灰磕进手炉中。

○ 九、书房谈话

主人在合适的时机说："请到书房稍微闲聊几句。"于是客人起身，双方走进书房，进行简短的交谈。在此期间，主人会吩咐仆人摆桌。

○ 十、酒宴

厅堂上摆放好桌子后，主人对客人说："请入座。"客人答道："谢谢。"他们各自坐回原来的座位。这时，仆人拿出一个锡制的酒壶，主人接过酒壶，拿起桌上的酒杯，根据客人的尊贵顺序为他们斟酒。客人站起来说："多谢。"接过酒杯放在桌子上。当主人为所有客人倒完酒后，如果主人要陪客人一起喝，则会给自己的酒杯也倒满酒。主人举起自己的酒杯对客人说："请干杯。"然后一饮而尽，接着将酒杯倾斜给客人看。于是客人也拿起酒杯饮酒。等客人们都喝完后，主人吩咐上菜，仆人端出菜品，主人接过后并放在桌子中央说："请享用。"客人也站起来行礼。每次上菜时，客人都需要站起来行礼，而在客人即将站起时，主人会对客人说："无需多礼。"阻止他们站起来。主人在合适的时机吩咐仆人拿另一种酒杯。这种杯子可以是带脚的银杯、锡杯或者犀角杯。这被称为"爵杯"。主人对客人说："请品尝一杯。"他向杯中倒满酒后，双手端给客人。客人双手接过杯子说："谢谢。"喝完后，立即给主人斟满酒并说："回敬。"然后把杯子还给主人，主人双手接过并饮完。接下来，陪客们也开始用这个杯子依次向贵宾敬酒。然后主人再向陪客敬酒。陪客之间也相互敬酒、回敬。

敬酒时，要将酒杯斟满并向对方劝酒，回杯时也要同样斟满并回敬。敬酒的礼节是由自己向对方说"奉劝敬酒"，而没有自己向对方领杯的情况。如果对方说"奉劝敬酒"，则自己应说"领杯"并接过酒杯。通过向对方劝酒表达出内心的敬意，这一点非常重要。

菜肴可以根据个人喜好随意食用，也不必每杯酒都吃菜肴。没有个人独立的菜碟，而是共同食用桌上各种菜肴。

饮酒尽兴之后，主人会让鼓乐人登场演奏鼓乐曲目。通常会演《迎仙客》的音乐，曲子用《醉花阴》《醉扶归》《集贤宾》等曲子，也有其他曲目，不再详细列举。另外，还会进行划拳酒令和猜三游戏以助兴。酒令是一种小骨牌，上面有图案，每位客人随机选取一张牌，根据图案决定是否喝酒。猜瓜子游戏是在桌子上摆放西瓜子或黑豆，进行猜测。一人手中藏有瓜子问："有几个？"对方也出示手中的瓜子回答"一个、两个"或"五个、六个"。如果对方手中没有瓜子，也可以不出示，而说没有。猜中数量的人为胜，猜错的人要喝酒。如果这一轮没有猜中，继续进行下一轮猜测。由于双方每次各自最多只能取三个瓜子，所以回答的数字不会超过六。

○ 十一、收席

当上菜的数量过半时，客人说："酒已经够多了，吃得也饱了，不需要再费心了。"主人回答："哪里敢呢，菜肴并不是很好吃，对不起了，请放心尽情地喝酒。"当上了四五碗菜之后，需要上点心、醒酒汤和茶，然后再上菜来劝酒。当规定的菜数上完之后，客人说："请结束宴席吧。"主人则说："如果喝酒已经足够了，请吃点饭吧。"此时，客人多说："酒已经喝多了，不需要再吃饭了。"然后就告辞了。其中也有一些酒量较小的人会吃少量的饭。饭后立即收拾桌子。因为主要目的是款待饮酒，所以没有一开始就上饭的做法。

○ 十二、解手

收拾好桌子后，仆人将装有热水的紫铜或黄铜面盆放在台上，摆在厅堂的一边，对客人说："请洗手。"客人站起来洗完手后，回到原来的椅子上坐下。洗手时客人自己站着，把手放进面盆里洗，没有仆人在旁边倒热水的做法。每个人洗完后，仆人就更换热水，让大家依次洗手。但是大家都不用漱口，也没有用酒漱口的做法。

○ 十三、回千

这时需要端上一道茶和回千。回千就是把甜食点心、新鲜水果以及腌猪肉、鸡蛋等放在碟中，摆放在桌子上。

○ 十四、什锦杯

接着，主人带出一种叫做什锦杯的大杯，倒满酒并向客人敬酒。什锦杯是一种瓷杯，有三个一套、五个一套或七个一套，什锦是瓷器的总称，五个一套的瓷杯采用五种不同的颜色烧制，而三个一套的瓷杯则采用三种不同的颜色烧制，每个杯子的颜色都不相同，因此称为"什锦"。客人喝完后，陪客也有领杯饮酒的，同时享用各种点心和菜肴。

○ 十五、收杯

在合适的时机，客人表达："受宠若惊，非常谢谢，喝得很尽兴，就此收杯吧。"主人回应："怎么敢，再继续喝吧。"经过再三劝酒之后，宴席结束，主人命仆人收拾好桌上，再次端出茶水招待。

○ 十六、告辞

喝完茶后，客人站起身来向主人表达感谢："今天打扰了，感谢您的款待，非常感谢。"说完便告辞。主人回答道："哪里哪里，今天您能特别光临，非常感谢，多有怠慢。"互相作揖致意。客人拱手向陪客们一一道谢："多谢款待。"陪客们也行礼道："不敢不敢。"然后送客。

客人说："请勿送。"并阻止相送。陪客送到厅堂门口后，客人对主人说："请勿远送。"主人回答："再送几步。"一直送到门外。如果客人乘坐轿子或骑马前来，主人会拱手说"请上轿""请骑马"等。客人也会拱手回礼说："不敢先走，请您先回吧。"主人再三邀请客人上轿、上马时，客人会说："得罪了。"然后迅速上轿或骑马。客人上轿或骑马后，主人可以回到屋里。这是官员等人的常规做法。

座位顺序

就坐的次序按照以下规则：首先，主宾坐在首位，其次是年长者坐在第二位，再然后是年轻者坐在其次的位置。如果是亲戚一起坐，则女方的亲戚坐在次座，男方的亲戚坐在下座。当父亲、叔叔、舅舅、先生等人一起坐时，子女、侄子、女婿、弟子等人不能立即就座，只有等到长辈让就座后才可以坐下。

不仅在地位高的尊贵长辈面前，即便在没有官职的长辈和年长的客人面前，主人都不能就座。宾客的座位设在厅堂的正前方，而主人则站在下座侍立，只有在宾客有命就座后主人才可以在侧边坐下。对于身份相等的宾客，可以面对面地坐下。

当宴席上有两位尊长客人时，正前方是首席，右侧是第二席，左侧是第三席。侍者的座位按照顺序排列，首先是右侧的第一席，其次是左侧的第二席，然后是右侧的第三席，最后是左侧的第四席。

当宾客和主人面对面坐时，规定右侧是宾位，左侧是主位。然而，即使对于最尊贵的贵宾，也没有在宾位和主位之间设置屏障或隔离的做法。

洗厨

日间的访客在傍晚前要离开。当客人离开后，当晚陪客和亲戚聚集在一起，首先向主人道"恭喜"以祝贺成功款待客人，然后大家一起来到厅堂上重新开宴，共同享用美食。这就是所谓的"洗厨"。这里的"厨"指的是厨房，意思是清理厨房并食用剩余的食物。所以称之为"洗厨"。尽管本意是打算用剩余的菜肴来举行酒宴，但通常并不使用剩余的食物，而是另外准备。如果是晚上来的访客，洗厨则会在第二天举行。有些陪客会滞留到洗厨才离开，而也有些陪客会立即回家。

做戏舞蹈

在宴请客人的酒席上，主人会举行鼓乐或演戏来招待，但没有在宴席上进行舞蹈表演的做法。

主人会在宴会厅外的院子里搭建戏台，让人们跳舞。这些舞蹈是聚集从古代历史中挑选出来的杰出人物，表演他们时来运转的故事情节等。

如果只是演奏鼓乐等乐器，则在宴席上进行。关于戏台的细节，请参考祭礼的部分。

门灯

如果客人在晚上到来的话，主人就会在大门口悬挂一对点亮的灯笼。

门灯

门前也挂有各种灯笼。红灯是由红色绸缎制成的灯笼，纱灯则是用纱糊制而成，上面绣有花卉和人物。羊角灯则是将羊角熔化成玻璃状后蒙制而成。耀丝灯则是用线穿上各种彩色玻璃珠串制成的灯笼。这四种灯笼有四角形、六角形、圆形等各种不同形状。

拜谢

贵宾光临后，主人会在宴席结束第二天即刻登门拜谢，说："昨日承蒙您光临，使得我的家里更添荣耀，特来表达谢意。"如果客人在家，就会请主人到堂上见面，说："昨日受到热情款待，多谢多谢。"并用茶水招待。双方稍作交谈后告辞。如果客人不在家，则请接待者转达感谢之意后离开。客人也会在一两天内前往主人家表示感谢。双方在拜谢的时候，都会随身携带红纸名帖。在亲友间的请酒礼节中，不需要名帖，但对于贵宾则必须使用名帖。

女性酒宴

女性不得邀请非亲属的人参加宴席，即使是亲属，也不能男女共坐。女性应该在家庭内厅或内房中举行宴会。

祝贺来客

对于前来家中拜年、庆贺或探望的客人，如果主人在家，会邀请他们到客厅见面，并献上茶水。如果是亲密的朋友，还会拿出家中准备好的两三种点心，一边品尝一边聊天。客人离开时，主人会亲自送到客厅门口。而对于身份地位相同的客人，他们会面对面地坐下来相互交谈。

吊丧来客

对于来吊丧的客人，除非他们与亡者有亲属关系。主人才会接见。如果是亲属，主人会请到苫房相见。吊丧之客离开时，主人不跟送。吊丧之客到来后，向主人作揖，然后哭泣，说："不幸。"主人回礼并哭泣，说："劳烦您特地驾临，多谢。"彼此行礼后，请客人坐在椅子上交谈。

吊丧服装

领导和上级官员对于不熟悉的人，不会去参加葬礼。来吊丧的客人穿着与平常一样，只是摘下帽子上的红缨而已。

法事之客

在请僧道做法事期间，只邀请家人和亲密的朋友到来。宴席用素菜招待。除此之外，对待语言等方面的礼节与一般的宴会无异，但不能进行鼓乐和拳击等活动。

与贵人应对

平民拜见尊贵的人时，应提前递上名帖。见面时，贵人拿起名帖看后，询问："您就是某某吗？"回答："正是。"没有其他人在旁边介绍的做法。

行礼的方式根据对方品位不同而有所不同，包括一拜两揖、三拜两揖、三拜叩首、四拜等。如果地位较高的尊贵人士光临时，主人必须到门外迎接，行礼后说："请，请。"客人回礼后，主人在前面领路，引导客人从大门的中间通过，客人跟在主人后面行走。主人打开仪门的中扇，沿着中间的道路把客人引至厅堂。主人站在厅外侍立说："请，请。"此时客人立即进入厅堂，在正面的椅子上就座。主人进入厅堂，在下首的位置作揖，客人坐在椅子上拱手回礼。

客人的随从只跟随到仪门之外就停止前进，不进入仪门。由主人的主管人员到仪门外，请他们在外房就座。普通人不能修建仪门。除了官府衙门之外，只有绅士等有地位的家庭才能修建仪门。富有的平民家庭也只能修建大门和二门，而不允许修建仪门。大门通常是开着的，而二门则经常关闭，人们从两侧门进出。当有客人来访时，打开二门的门扇以迎接他们。普通家庭很少有地位高的贵人光临。只有当家中有九十岁以上的老人，或因功德或孝顺等特殊原因而受到朝廷奖赏的家庭，才会有官员光临。如果官员曾经到访过他们的家中，那么该家庭就被允许修建仪门。因为仪门是为了官员通行而修建的，所以平时经常关闭，只有官员来访时才会打开。

迎客之法

当有年长的先生或者身份较为尊贵的老人来访时，即使他们地位并不高贵，主人也会亲自到门外迎接。而其他的朋友和亲戚到访时，则在厅堂门口迎接。有时也会先请他们到厅上等候，然后再出来见面，具体情况因人而异。有些亲戚甚至不进入厅堂，直接到内房。如果主人不在家，那么由女性出来接待。除了接见亲戚之外，女性一般不会出来见客。

客人之应答

当客人骑马或乘坐轿子到达时，他们会在大门前下来，并带领一个小厮进入大厅。小厮站在大厅门口，当主人登堂时，小厮立即将主人的靴子整理好放在门旁，然后迅速退到旁边的小房间或厨房休息。普通人一般只会带一两个仆人，不会带很多人。

如果没有事先约定拜访的时间，如果对方家中设有看门人的话，会先派一个仆人去询问："某某相公在家吗？"其中"某某"是主人的姓。如果主人在家，看门人会回答："相公在家，请进。"然后立即向主人报告。如果没有看门人，仆人就会先进入内部询问。如果主人不在家，家中仆人会出来说："东人不在家。"这时，客人会告诉这位仆人："某特地前来问候。"其中的"某"指的是客人自己的姓名。请仆人代为转告。

如果客人单独去拜访而没有带随从的话，可以按照上述方式自行询问。如果门上没有人的话，客人可以高声向内部询问："某翁在吗？""某兄在吗？"询问时，只能使用对方的姓来称呼。当宅内听到后，主人或仆人会出来接待。如果主人不在家且家中没有仆人，女性主人会到内房的布帘后说："主人不在家，请问你是哪位？"如果是亲友的话，回答是"某某"。如果有事情要转达，可以说明并请求转达；如果只是来访问的话，可以留下口信后立即离去，不能与女性见面。如果是亲友的话，可以直接请进内房。没有在门口设立座位的做法，也没有由看门人转达的做法。除了大户家之外，普通百姓家中也没有设立看门人。

官府来往

乘坐官方的轿马前往官府时，都要在大门前下来。即使是高级官员，也不能乘坐轿马进入各个衙门的大门。

官至民宅

官员抵达民宅大门前下轿。停轿没有固定的仪式，可以随时停轿。举着凉伞、旗帜的随从、执事以及负责开道的步行的皂隶，在门前左右两侧排列。

官员会带着四五名贴身侍奉的亲随，当官员跟着主人进入门内到达厅堂时，亲随也一同进入，并站立在主人的左右。此时不需要更换靴子。等到了宴会的场所，当主人命令退下时，亲随会从大厅退至耳房休息。这是官员到访民宅时的原始规定。

官府来往之规矩

如果政府官员之间会面，亲随不得进入正厅，而是随至仪门处便立即退至门外等候。随从人员在主人进门后，将各种道具插在架子上，然后进入办事员的房间，相当于公差房的地方，稍事休息。各官府门前都设有架子用于插放道具。如果客人和主人的谈话时间很长，或者因宴会等原因延迟返回，随从人员可能会先回去或者由主人提供酒食。随从人员有时也会到附近的饭馆吃饭。虽然随从人员回去了，但亲随不能离开。主人必须向亲随提供酒食，宴会时也会立即邀请亲随到耳房款待。

当看门人看到来访的官员时，立即进入内部报告官员的姓名和官职。等官员到达后，亲随再向主人回禀。白天各官门都是敞开的，只有仪门是关闭的。除了高级官员之外，其他人不得从仪门进出。当有需要从仪门进出的高级官员到来时，看门人打开门后，必须立即躲到耳房中，当官员通过时，门卫不得露面。大门的看门人在向内通报之后，也要躲到耳房中。

看门人分为大门的公差和仪门的公差，公差指的是公务员。他们的职位略有不同。民间的门卫当然是奴仆身份，但公差无论是在大门还是仪门都由同一个人兼任。

衙门内部的仪式、礼节等事项无法详细了解，这里只能列举出所见所闻的情况。

探病

家中有人生病时，如果有贵宾前来家中探望病人，那么子孙、伯叔兄弟等会出来迎接，请他们到厅堂接待。如果客人表示想要去床前看望病人时，主人会回答："不敢。"以阻止他们。如果是对于熟悉亲近的人坚持要看望病人时，主人就会礼让请他们到病床前探望。这时，在病床的旁边设置座位，病人坐在床上穿着衣服外套，戴上帽子。客人进入房间后，病人坐着拱手致意："请原谅，请原谅。"客人会询问病情，然后坐在椅子上交谈。子孙、伯叔兄弟等会站在旁边回答问题。客人坐一会儿后，站起身对病人说："请保重。"然后离开。主人会拱手回礼："失礼，无法送行。"客人说："不敢当，请便。"然后告别。如果病情严重，无法起身坐着，那么病人会躺着盖上外套，子孙等会对客人说："请原谅。"客人会站在床前探望病情，不需要说话，然后立即离开房间。子孙等会把客人领到厅堂招待。当然，如果不是至亲好友，是不能到病床前探望病人的。

初次访问

首次到他人家中拜访时，访客需要携带一张红色纸质名帖前往门前。若是拜访地位高贵的家庭，会有看门人，又叫门子，客人可以向门子投递名帖，并请求其转达："某某特来拜访。"门子收到名帖后立即向主人禀报，若主人愿意接见，则吩咐门子请客人到大厅接待。门子出来对客人说："请进。"并引领客人进入大厅。这时，主人可以亲自前来迎接，也可以先让客人进入大厅，然后再出堂迎接。主人出来后，客人作揖，说："久仰大名，特来拜见。"主人回礼说："哪敢，有失迎接。"随后，彼此寒暄。主人说："请坐。"让客人坐在椅子上。客人谦让："不敢。"然后就坐。主人也坐在椅子上进行交谈。当拜访非常尊贵的人时，客人不得坐下，主人也不出来迎接。主人坐在大厅的椅子上等待客人。见到客人后，主人从椅子上站起来行礼。客人在谒见时需站立。主人说："请坐。"自己先坐在椅子上，然后让仆人为客人准备座位，说："坐、坐、坐。"客人再三谦让后，再侧身就座，但不能与主人面对面坐着。主人坐在大厅里等待客人前来见面的情况，适用于下属官员拜见上司。除此之外，无论地位高低，大多数都是由主人亲自出来迎接客人。

私行与佩剑

进入厅堂时，没有东阶西阶等要求。官员因私事前往宴会时，武官们也不佩戴剑。除武官之外的其他官员也不佩戴剑。而普通民众则被禁止携带刀剑。

附录

人们没有台熨斗、杂煮、大碗盛装，及菜品分七、五、三道等类似的情况，也没有端出米汤等做法。没有引杯、重摆酒杯、扣起酒杯、当面清洗酒杯、用纸包裹长长的注酒器来给客人倒酒等操作方式。菜肴中也没有添加点心类的做法。对于夜间来拜访的客人，没有小孩手持蜡烛和捧出烛台的做法。夜晚多提灯笼。对于来拜年的客人，没有提供日本式的餐盒等做法，祝贺时的服装也和平常一样。屏风的树立样式、文字、画作等没有因为用途不同而有差异的，可以根据当时的情况使用。隔墙等没有固定的规定，装饰可以使用真实的行草书、香炉、烛台、花瓶、碰铃、扇子等。书架上的装饰，如书画卷轴和文具等也没有规定的制式品种，可以根据个人喜好适当装饰。但是关于香炉、烛台、花瓶的摆放，通常是摆放一个香炉、两个烛台、两个花瓶，但也没有固定的规定。挂轴可以采用两幅对、三幅对、单幅、文字绘画等形式。总之，在宴客时厅上挂有蕴含庆祝之意的挂轴。书房、小阁等地方则灵活变化，适当挂上优雅的文字和画作，具体细节难以详述。花瓶多挂在书房的柱子上，也有用于厅堂柱子上的，但没有固定的规定。厅堂柱子上通常挂有楹联，但没有挂草药、香袋等做法。关于花瓶的制式、插花的枝数、花种和赏花的仪式，当时已经没有人知晓了，只知道多使用时令鲜花。

卷十　羁旅行李

驿传之制

○　一、铺递提塘

在江南、浙江等各省，陆路中没有相距二三十里的宁静空旷的地方，每三百六十步为一里。一步相当于现在小尺的六尺四寸，小尺与日本曲尺相同。但是一里大约等于日本的六町稍短。而每隔两三里的地方就会有村落。每个村落都设有一个铺递站。铺递站是各省内递送公文的中转场所，有一个负责人，称为"铺司"，还有一到两个书吏，称为"铺书"。同时还需要从该村落选出五至十名百姓为夫役，称为"铺司兵"或"铺兵"。在京城设置了一个名为"提塘"的衙门，各省也都有类似的机构，共有十八处。为了使京城的公务能够通达各省，朝廷派遣该省的武官或举人值班负责管理传递公务等事宜。从京师到各省，路程相距较远的会设立十四五名执勤，路程相距较近的会设立约十名执勤。每当有传递文书等事宜，由值班的举人接收，经由驿站传递至各省份。

○　二、驿站

每八十里或一百里就会设立一个中继站，称为"驿站"，用于传递天子发出的钦定公文、上司发出的宪令、公函等文件，以及为钦差、小差出行提供人马更替的场所。公文通过驿站逐站传递到各省。如果驿站之间相距太远，官府就会在两个驿站中间设置腰站，以避免马匹过于疲劳。腰站多使用村落中农民家的合适场所。

如果是重要的差事，朝廷兵部会派遣差官携带官文出行办差。如果是不太重要的差事，那么就由官员本人负责携带官文办差。

在官员出发办差之前，必须先发出起马牌。等官员到达前方的驿站时，驿站必须按照起马牌所列的数目准备好马匹，并与官员带来的勘合文件核对无误。如果是散差，就不需要起马牌，官员只需要出示自带的勘合文件就可以让驿站出人出马。

根据驿站的规模大小，马匹数量也有定额，有的一百匹，有的一百二十匹。每个驿站都会有一个负责人，称为"驿逐"，此外还有两三个书吏，称为"驿书"。还有一个马医，称为"兽医"，还有马夫。如果一个驿站养了六十四匹马，就需要八名马夫，每个马夫负责养八匹马。这八匹马中，其中一匹马供出使的官员骑乘，两匹快马用于传递加急重要的文报，一匹包头马用于驮货，三匹小差马用于不太紧急的差事。还有一匹马用于零散差遣。

除了上述八名马夫之外，还需要四人帮助喂马。如果办差需要使用的人和马的数量超过驿站现有的数量，驿站就会派当地的百姓出差，此类马匹就叫做"民马"。

○ 三、牙行

民间的商人所使用的人、马、船，都是自行雇用的，与官设驿站无关。每个民商站点都有几家牙行，民商们可以在这里雇用人力畜力。民间的站点没有预先通知书和运费账单等做法。私人旅行通常是从这个牙行雇用人、马、车等到下一个牙行，按天数支付费用，等到达旅途终点的时候即停止雇用。骡马每天雇用费用为三两银子，驴每里雇用费用为一文。车每天的雇用费用按两匹骡子计算，为六两。人工的雇用费用每天一百文，如果需要雇人担货，费用是二百文。人工担货的重量上限规定为八贯，如果超过八贯就雇用骡马载货。骡马载货的重量上限规定为四十贯。轿子每天的使用费用是六百文。但轿子区分大小，民间的商人常使用小轿。此外还有骡轿，每天的使用费用为八百文。骡轿是由两匹骡子驮载轿子，轿中乘人，轿子下面驮货，载重上限规定为八十贯。

驿站所置用具

驿站备有各种必要的物品。例如，夹板，就是用两块木板夹住存放公文。带铃铛的铃带，差官、驿卒等人带上这种铃带行进，可以让下个驿站听到铃声提前做准备。还有带穗的绥枪、涂上桐油的油绢，以及箬帽、竹笠和蓑衣等雨具。此外还有时钟、常灯、两根红问棒和回历账，回历账用以记录派出的时间并且在返回后要进行加点消去。绸子包袱，又叫软绢包纸，用于包装公文等物品。此外还备有马具，比如切草料的工具、煮草料的炊具和喂草料的桶等。

村落的铺递也备有夹板、铃带、箬帽、簑衣和常灯等常用物品。

里甲马

里甲马是指在偏远地区以及没有设立驿站的地方使用的当地民马，以备通行所需要。这些马都是由当地百姓提供，因此称为"里甲马"。

起马牌

因公事出行时，官员需要自己先发出起马牌，即预先通知书。官员在出行前两三天，会先派遣一名家丁向沿途各个驿站提示上述起马牌照。各驿站的书吏会抄写牌照内容，并按照牌照要求准备人马。这个过程被称为"抄牌"。

大差

大差是指被皇帝任命办差的大臣，或前来朝贡的外国使臣以及督抚往来的官员等人。他们所使用的马匹根据其官阶而有所不同，但即便是一品二品之类的大官，名义上都要使用主人用的官座马和随从用的散马，一般不超过十匹。其余马匹则由他们自己带来。总之，只要是公差，不论是大差还是小差，通行时都不需要支付人和马的工钱，因为官府会给驿站提供津贴。

紧差

紧差则是指为了传递急报或紧急军情等有规定期限的加急差事。在武官中专门设置了一种差官职位负责办理紧差。这种紧急公差规定差官每天的行程为六百里。

火牌

火牌是指传递极为紧急的公文。火就是快速的意思。火牌是用浆糊在公文上粘贴鸡毛，根据公文的紧急程度增加鸡毛的根数，从一根到七根不等。这些火牌文书由上文提到的紧差负责携带传送。

小差

小差是指由远方文武官员派遣下属官员呈报祝贺奏表和奏请批示等差事。办理小差的人员每天大约行走一百多里左右。

散差

散差是指用于给有功劳的人和因父母丧事等原因卸职回乡的官员办事的人马。

银鞘

当官府从省县往上级运送税款等银子时，会将银子放入银鞘中，由小差沿着各驿站逐站押送。

公馆

公馆是指官员出差时住宿的地方，是由各地官府修建，每个驿站拥有八至十间。所有因公差旅的官员都在公馆住宿，住宿和餐费由当地政府支付。不过，官员需要给公馆的管理人员以赏银，金额在十两至二十两之间。

旅店

每个村庄都有旅店，又称为"打火房"。住宿费用为每晚每人八十文至一百文。旅店只免费提供豆腐类的下饭菜，如果客人需要食用鱼类、肉类等其他餐点，则需要另外付费。

水路

水路上还有水驿，又叫"埠头"，从百姓中选出一名负责人在埠头管理船只，并为官民提供所需船只。官船每行驶二三百里，大船需要支付的费用是二百两，小船的费用为六两。但官船通常都是由当地官府用财政收入打造，并没有官府额外支付造船费用的情况。

在内地水路或陆路上，官府设置了检查货物人数、征收税款的关卡。此外，每个渡口还设有邮亭作为休息场所，以供过往客人躲避雨雪，也有些地方会在邮亭提供茶烟等服务。

河役所

河船从河内的泊所或埠头启航，中途在有河坝的地方建有闸壩和河役所。人们在这里把货物装卸到其他船上，或将货船牵引过壩，叫做"过壩"。过壩时官府会查处私运兵器和茶盐等官物的情况，以防奸商的不法行为。总而言之，沿海和沿河每隔五里或十里就设有驻兵场所，称为"塘汛"。每处塘汛所管辖的范围称为"汛地"。每处塘汛设置一名把总，二十个兵士，负责防范河道盗贼和应对紧急事件。

船牌

当民间商人前往外国从事贸易时，如果是海路运输，必须向当地知县申请领取船牌，也称为"领牌"。船牌共分四种：来自抚院称为"部照"，来自布政司称为"司照"，来自县的称为"县照"，来自海防厅称为"厅照"。民间商人需要携带上述四种牌照前往渡口的塘汛，申请检查货物和牌照。这时，塘汛的官员会将盖有当地印章的纸张粘贴在县牌上，这被叫做"挂号"。

通行证件

民间商人在中国内地省份通行时无需任何证件。但是如果要去到塞外之地，必须向当地知县申请领取路引，然后在关卡处接受检查后方可通行。路引的具体形式不是很清楚。

关卡

官府在内地和塞外的交界处设有多个关卡（qiǎ），用于检查过往行人。守关官员由武官总兵官担任。如果民间的商人需要前往塞外办事，必须向关口官员说明自己是来自什么地方的什么人，要前往什么地点去办什么事或者做什么买卖等，获得守关官员许可后方可通行。还有另外一种做法，本人先提出申请，由当地知县按照申请内容向关卡发出文书，这种文书称为"关防"，具体格式不是很清楚。

送别

官民在旅行前四五天，都会由朋友或亲戚举办送别酒宴，并赠送赆仪。官员之间互赠银子，商人之间也赠送银子。民间则互赠绸缎，而把银子作为次要礼物。此外，也有人会带着酒水菜肴一直送到郊外或者距离船路二三里的地方。这个时候已经不再采用古时编织柳枝送别等礼节。

喂养马匹

　　饲养马匹时，人们会将青草或去根的干草切成一寸长的小段，筛除掉沙土，再将黑豆用清水煮熟，等汤水煮干后挪到席子上晾凉。马匹每天需喂四升豆、十五斤草，白天喂食较少，夜晚再分次喂，并在草中掺入少量麦渣。在炎热的季节，需要在马匹的草料中适量加水。关于饮马方面，早晨应少量饮水，白天适量增加，晚上则让马充分饮水。每两三天需要给马洗澡，清理皮毛，马倌先牵引马匹缓慢行走片刻，再拉到凉棚。凉棚应设在房子后面阴凉通风的地方。冬天选择暖和的天气每月给马洗一次澡，同样由马倌先牵引马匹缓慢行走后再拉进暖棚。暖棚应向阳修建，围成不透风的形状。对于紧差马匹，一次不能喂食过多。需要先喂少量草和水，之后再分次喂食。

马棚

卷十一　丧礼

丧服

当父母去世时，子孙无论男女均号哭不止。逝者的儿子穿着一件叫做"斩衰"的粗麻布衣服，衣服的下摆没有折边，缝制得很粗糙。其他兄弟姐妹根据辈分和关系亲疏情况穿着不同的丧服，如用粗麻布、较细熟麻布等布料缝制的齐衰、缌麻等。家中的随从奴仆也须带孝，他们穿的丧服是用黑布制作的。丧服统称为"带孝"。

汉人孝子
选自《清国京城市景风俗图》册　（清）佚名　收藏于法国国家图书馆

服丧

　　在丧事期间，男女不可同寝。父母去世后，儿孙中的男性每天在外厅铺的草席起居，不能进入内房。饮食只有粥和素菜，没有丰盛的饭食，只由奴仆伺候，即使是妻女也不能进入苦室。如果服丧的男性有事情需要吩咐给妻女时，必须到内房门口吩咐。女性要在内室服丧。已经嫁到别人家的女儿，则穿着素服前来哀悼。在丧事期间，大门不能关闭。父母去世时，需要在大门门框上挂一块约一尺长的白色粗麻布，其他人去世的时候则不需要挂。有的商人会因为办丧事而暂停营业，但不会因为丧事而关闭店铺停止买卖。如果小户人家无法按规定的日期服丧，他们可以穿着素服出门做生意和工作。遗体由奴仆等人先用新布沾热水将全身擦洗干净，将前额的头发剃光，剩余的头发梳顺打好辫子，然后让其卧躺在被褥上。接着奴仆再为死者穿上新衣服、新帽子和新袜子，枕上枕头。

纳棺

当入殓用具准备齐全后，人们会使用名为衾的物品将遗体以及穿着的寿衣包裹起来，并且在棺材内铺三层被褥，然后再把尸体放进棺材内。通常丧主会在晚上聚集亲戚来共同入殓。棺材使用不易腐朽的楠木或杉木制作，板材之间的接缝用漆填补。有些家庭会根据财力情况用朱漆填缝。入殓后，人们会用白灰和木炭来填充棺材，并且再钉上长命钉固定棺盖。在制造棺材时使用的钉子是苏木钉。除了死者入殓时所穿的寿衣外，棺材内不再放入任何物品。有些富人会在死者口中放一颗珍珠，但这种情况非常少见。

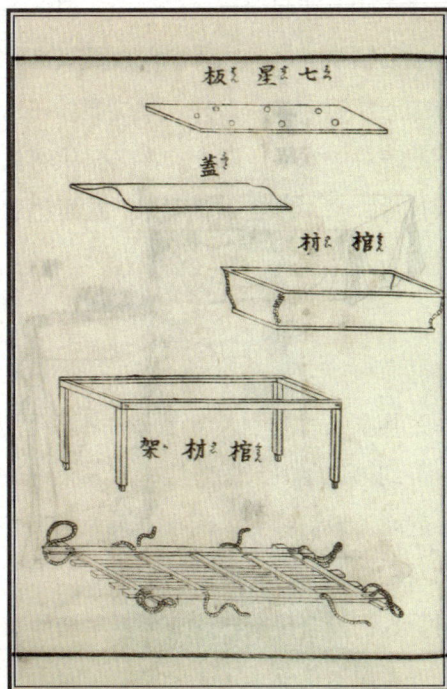

七星板　盖　棺材　棺材架

寿板浴盆

有些人在六十岁时就开始准备做棺材用的木板，每年都进行修整，以便以后用这些木板来给自己制造棺材，这些木板被称为"寿板"。由于棺材被称为"太平车"，所以棺材板也被称为"太平板"。如果死者在生前没有准备好自己的棺材，那么他去世后，他的子孙后代就会为他准备，但是这种棺材不需要使用苏木钉，而要用铁钉。用来给遗体擦洗身体的浴盆和提桶，有些人会使用新做的，也有些人会使用之前的旧物。

灵柩

入殓后，丧主会在厅上挂起白布、白纱绫、白绸子等白色帐幔，中间放置带脚支架，上面摆放灵柩。在灵柩前放置高桌，安置死者的木制牌位，桌上摆上香炉、花瓶、烛台，并点燃灯笼。在死者去世四十九天之内，其家人会使用蔬菜、水果、素食和素菜来供奉奠酒，并且每天早晚礼拜。四十九天过后，家人才会供奉荤菜，这里的荤指的是鱼类、肉类等。

七七法会

当某人去世后，其家人每隔七天会请僧侣来诵经，诵经结束后请僧侣到厅上吃斋饭。等到第三十五天的时候，家人会请道士来举办超度法会，并邀请道士一起吃斋饭。等到第四十九天，家人会再次举办法会，这时会邀请亲友和僧侣道士一起吃斋饭。

在家人去世时，人们没有提前向寺庙申报请僧的做法，也没有人将遗体运送到寺中，或者由僧徒前来送丧的做法。家人去世后，其亲属每逢七天请僧道诵经吃斋饭是一种时下流行的习俗，而不是古代的传统礼仪，全国各地当时都有这样的习俗。

吊丧之客

当某人去世后，他的朋友前来家中吊唁祭拜并瞻仰灵柩的事情是存在的。这时，死者的子孙会跪在灵柩前左侧，向前来吊唁的人鞠躬行礼。礼拜结束后，前来吊唁的人会向死者的子孙哭泣鞠躬，说道："遭此不幸。"而主人则回拜，哭泣。前来吊唁的人必须脱掉帽子上的红缨，衣服穿上平常的素服即可。

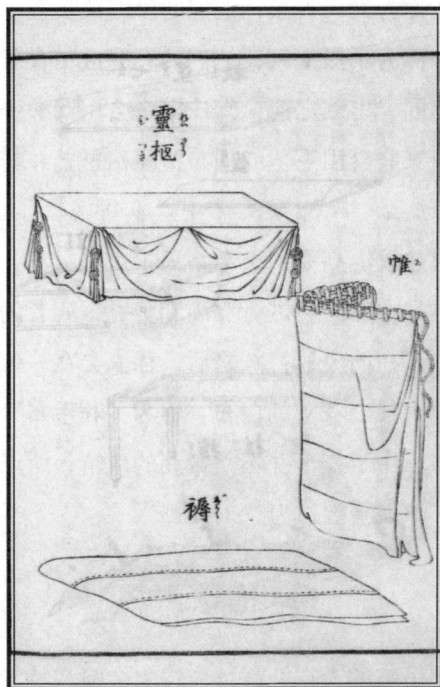

灵柩　帷　褥

出殡日期

根据家庭贫富程度的不同，出殡时间也会有所差异，可能是当天或一至两天，三、五、十天，或者百日、一年、两年后等。如果是三年之后出殡，出殡当天死者的子孙也需穿素服。民间有这样的做法，如果不能将灵柩埋葬在吉利的地点，就会将灵柩暂时放在室外，等到出殡时再葬入坟地。如果将父母的灵柩留置一年以上的，那么死者的家人就会将其暂时埋在室外的庭院里。

柩罩供奉

富裕的家庭被称为大户人家，他们的家庭成员在十四五个人以上。家境较贫寒的人被称为小户人家，他们的家庭成员在五六个以下。根据家庭贫富等情况不同，出殡之前，大户家庭会用锦缎罗纱等材料来制作棺材套。有的小户家庭会用毛毡或棉布覆盖棺材，并挂上淡蓝色或浅黄色的绸带结彩。

丧主会在棺材前放上高桌，供奉整只羊、猪、鸡、鸭等各种山珍海味、鲜果之类的供品。然后会进行奠酒和焚香，死者的子孙们则侍立在棺材旁边。送葬的人在向灵柩行礼之后，仆人会在一旁服侍，并递给每位吊唁客人一块长一尺二三寸的白布，称为"利市布"。吊唁客人礼毕后会带走这块白布。由于丧事并不是吉利的事情，所以用利市这样的词语给它命名。鸡、羊、猪被称为"三牲"。

稽颡

出殡时，前来吊唁的人行礼祭拜，丧主会跪在特定的位置答谢。这里所说的位置，指的是灵柩前方的左侧。丧主会跪在这里磕头触到地面为回拜，这被称为"稽颡"。

吊客之供品

前来吊唁的人也有的会带上一两份祭品前来上供。每个吊客根据自己的心意，可能会带来荤菜或素菜等不同种类的食物。荤菜包括羊肉、猪肉、鸡肉、鱼肉等，素菜则指新鲜水果、蔬菜、点心等。

出殡之行列

在出殡的行列中，最前面的是一些红白相间的绸子旗帜，它们被系在竹竿上。接着是灯笼、香轿、鼓乐、彩亭以及灵柩。灵柩上覆盖着锦缎、呢绒，四面都挂有淡蓝色和浅黄色的绸子结彩。前后左右都系着绳索，用类似杠棒的东西把灵柩抬起来。死者的子孙跟在灵柩左右，将六七尺长的白布从额前缠到脑后，垂向两侧，一路跟随灵柩哭泣。侄子等亲戚则戴着白布头巾。其中一人手持铭旌，其余的人都手持捆绑在灵柩上的绳索，用牵拉的方式拉着灵柩前行，这个过程被称为"绋"。香轿又被称为"香亭"，它的形状类似于轿子，上面挂有各种浅蓝色和浅黄色的绸绢结彩装饰品，亭子里安放着名为灵牌的木主，前面放有焚香的香炉。前后排列着形状相同的彩亭，香亭原本应该是用来运载灵柩的，但由于体积太大了，所以分开形成单独的彩亭列在行列中，行列中有些彩亭是用于安放丧具的，它们的装饰与香亭相同。出殡时演奏的乐器包括笛子、大鼓、箫、云锣和唢呐等。

222

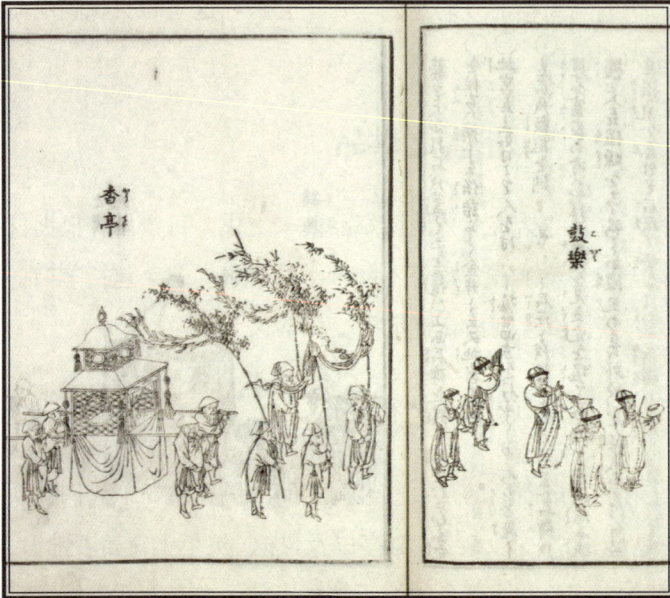

出殯行列

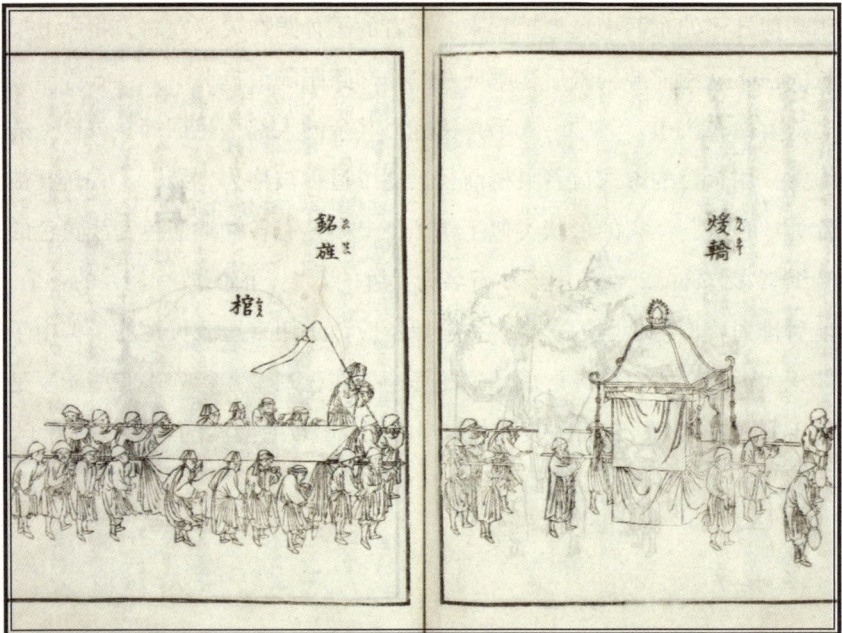

穿孝衣治办丧事
选自《清国京城市景风俗图》册 （清）佚名 收藏于法国国家图书馆

日期选定

出殡的日期由阴阳师选定，一旦选定了日期，丧主就会通知亲戚朋友等人。然而，日期的选择并没有固定的规则，可以根据季节和时间的适宜性随意决定。

女性送葬

丧主家中如果有女性送葬时，会乘坐称为"暖轿"的妇女乘坐之轿子。轿子外面被白布覆盖，一直送到墓地。

下葬

当灵柩被送到墓地后，逝者的儿孙们会行礼拜送，并将灵柩埋葬在土中，然后用大块的石板覆盖并培上土，最后竖立石碑以示纪念。古时候，墓穴被称为"圹"，俗称"金井"或"地宫"。

圆坟之图
选自《街头各行业人物》清代外销画　（清）佚名　收藏于英国大英图书馆

○　墓穴

墓穴是由丧主派人提前几天挖成的。墓穴四周用石头砌成，底部也铺有石头。将棺材放入墓穴后，上面用黄土和石灰夯实，再竖立石碑。

富裕的家庭通常会提前选好墓地，挖掘好墓穴后再用石头砌起来，并在底部放上蜡烛来测试是否干燥。如果有湿气，他们将会到别的地方再次挖掘。这都是由于墓地忌讳有湿气。丧主会在石灰和黄土中拌入乌樟树叶，或在红土中加入石灰搅拌，形成一种"亚马港石灰"。这种乌樟来自杭州境内的龙井县。

○ 风水

有些丧主将灵柩送到祖先的墓地后，再选择合适的风水位置。在这个时候，他们会用小石头先将棺材垫起来，上面覆盖着稻草席，并建立一个临时停放灵柩的小屋，然后再研究地面的风水方位。这叫做"权厝"。

○ 烧纸

葬礼结束后，死者的家人会烧香、点烛，并焚烧冥衣纸和大金纸。冥衣纸是用纸制成的衣服、帽子、袜子和靴子等，大金纸则是贴有金银箔的纸。这些都是给死者送去金银衣服的寓意。

卖纸元宝
选自《清国京城市景风俗图》册 （清）佚名 收藏于法国国家图书馆

上坟图
选自《中国俗事》清代外销画　佚名

哭坟
选自《清明上河图》　（清）沈源　收藏于中国台北故宫博物院

○ 石碑

石碑是由石匠事先刻好的，在埋葬当天立即竖在坟墓前，并且在石碑铭文上贴有金箔。

丧中赠送

在丧事期间，亲戚朋友会送来蔬菜、水果、糕点等食品，这个时候不需要记录礼品清单。

领魂鸡

如果有人死在外地，人们送葬时会在棺材上绑一只活白鸡，称为"领魂鸡"，表达的意思是将死者的灵魂唤回他的故乡。

墓所

选择坟墓所在时，有的家庭会选择在祖先墓地，也有的会根据风水另外选择墓地。墓地都会选在靠山的宽阔地方，墓穴周围用石头砌起来，后面稍微高一点，并在上面种上树木。墓穴里的地板用一种叫做方砖的方形石料铺设，并设置石栏杆。

丧葬仪式和墓地等没有官方规定的制式。在民间，死者的家属不需要向官府或里长申报，但乡绅之类人的丧事需要向官府报告。

吊问谒谢

丧期过后五十天，有些丧主会到丧事期间前来慰问吊唁的亲朋家中表示感谢。此时，要在红色名帖上贴上蓝色纸写下自己的名字，并到门口请接待的人转达感谢之意。这种情况主人不会出来迎接，但在近亲和熟悉的朋友之间，也有进门会面的情况。

丧中之书简

丧主在斩衰、齐衰、大小功等服丧之际，如果需要写信给他人时，要注明丧期，大功就写上大功某某某，小功就写上小功某某某，并使用黑色印泥盖章。

改葬

改葬时，丧主会选好吉日在墓前准备"三牲"和各种供品，祭酒、烧金银纸和冥衣纸来祭奠，然后挖出棺木并修整，如有损坏则先修补再移到改葬的墓地安葬，再竖立石碑，并开始举行祭祀活动，祭祀内容流程等跟之前一样。关于石碑，有的丧主会新制，也有的会使用原碑。如果原碑没有严重损坏，通常会继续使用原碑。

忌日

丧期结束后，只有在正式忌日的时候，死者的家人才在家庙上供祭祀，奠酒焚点香烛。年忌只有在周年、三年、十年、二十年、三十年、四十年、五十年、百年和二百年的时候才举行吊祭。这时祭祀者有的会请僧道诵经，也有的不请，做法不一样。

还有的祭祀者会于亡人生日当天在家庙上供酒品等来祭奠，这叫做"冥期"。如有死者的遗像也会悬挂起来进行祭奠。年忌和冥期都会准备荤物供品。

贫家之丧事

对于极度贫困的人，一旦准备好所需丧具，就会立即开始安置丧事。如果当天无法准备好，可能会隔两三天再入殓。即使是父母去世，也不能服丧，必须在当天安葬，第二天就可以出门进行买卖或工作。没有初死之时祭奠、葬后回家祭奠、用新蚕丝或棉花试临终者有无鼻息等做法。

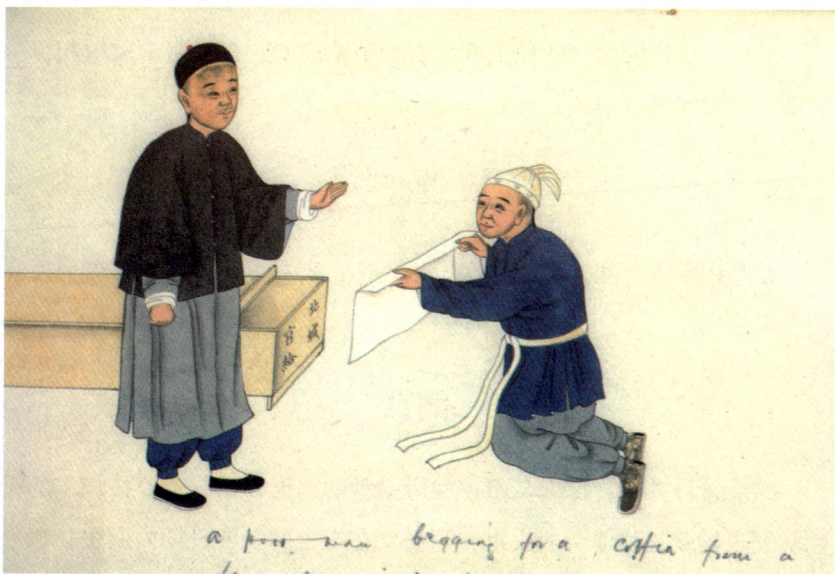

舍棺之图
选自《街头各行业人物》清代外销画　（清）佚名　收藏于英国大英图书馆

执事

如果死者的祖先曾任知府以上官职，或因贤德曾受朝廷嘉奖并授予品级，那么他们的子孙可以用锡制成枪锋等器物，列入丧事行列中。

服丧中之赴宴

在服丧期间，丧主不能参加国家的吉庆宴会或祭礼等活动。但是如果丧期已超过五十天，受亲戚朋友邀请，可以去参加吉庆宴会，这时可以穿素服，并在帽子上戴红缨前往赴宴。

吊客

吊唁者从死者去世的那天开始直到下葬期间，会经常前来慰问，一般都会带来香烛吊唁。

重丧

如果在服丧期间，家中再次发生丧事，丧主可以按顺序接着为后来的丧事服丧。

闻丧

如果父母去世，那么从听说父母去世的当天开始，就要按规定的天数服丧。如果是其他亲戚去世，只需要在规定的丧期日期内服丧，如果丧期已满，就不用再服丧。

丧期生子

在服丧期间，家中新生育孩子，丧主也不能设宴。

服丧辞官

即使是职位很低微的官员，在为父母服丧期间也必须辞职。

除丧

关于守孝期满脱除丧服没有固定的规定。

丧中患病

在三年的守丧期里，如果生病可以接受治疗。

册六

数帙

卷十二　祭礼

家庙祭礼

每年的正月、三月、十月都有固定的祭祀祖先的仪式，但是也有的家庭会在夏至、冬至进行祭祀，而这些祭祀活动都在家庙即祠堂中举行。其中正月的祭祀定在农历十二月二十八或二十九日进行。这一天主人会穿上盛装，也就是洁净的常服，到家庙中祖先神位前烧香跪拜，并祷告："今天迎接新春，向您恭奉祭祀。"然后将神位暂时移到庙中侧面的一张高桌上，再命令奴仆负责把家庙打扫干净，之后再将神位放回原位。

神位的后面悬挂着真像，又叫真容图或者行乐图，前面设有香案、香炉和烛台。在香案前方再放一张高桌，上面有一只大花瓶，花瓶选用瓷器或者青铜器制作而成。花瓶里插着牡丹假花，因为牡丹象征着富贵，所以一般只插牡丹假花。这些牡丹是用纸制成的，染色后再蘸上蜡，称为"剪裁花"，也叫"像生花"。牡丹花瓶两侧还放着其他花瓶，里面插着各种新鲜的草花，挂有灯笼。在另一个瓷盘中放着荔枝、龙眼、落花生、松子、冬瓜糖、橘饼或糕饼果物等供品，还有用萝卜刻制成的水仙花、菊花等，总共备有二三十种供品。

在大年初一的七点左右，主人洗完澡穿上盛装，带领子孙弟侄来到家庙外，洗手、点灯，准备"三牲"供品并供上饭菜。这些食物包括炖煮的鱼肉和蔬菜，装在瓷器中，摆放在桌上，每位神位前摆上一桌。然

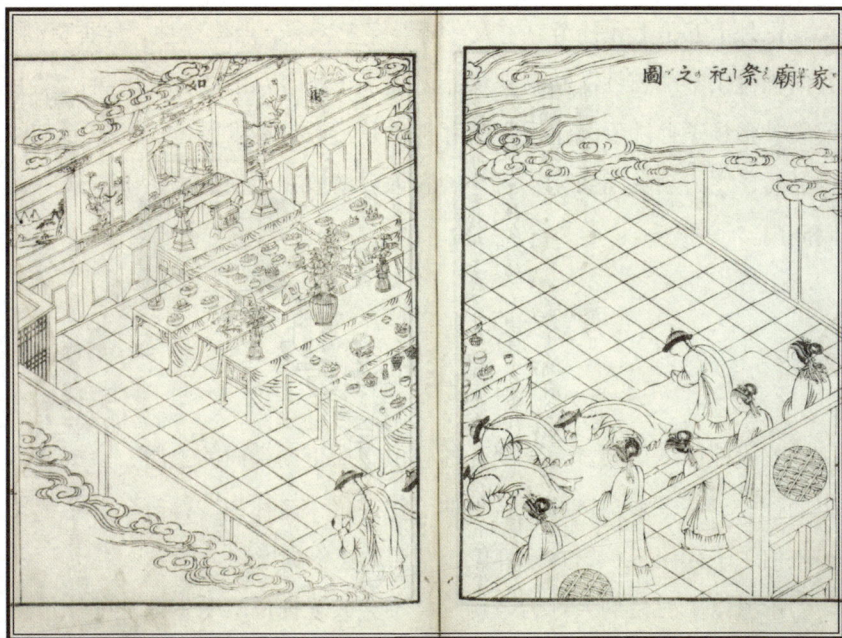

家庙祭祀之图

后主人将酒倒满爵杯，跪在地上敬酒，点香拜祭。对于汉人而言，需要拜四次，而满人则需要三次跪拜和九次叩头。主人拜完之后，嫡子、庶子、伯兄弟侄、妇女等同住的亲属也要进行同样的礼拜。祭拜结束后，全家人互相祝贺，到十点左右撤馔，此时，主人和子孙们也需要拿香跪拜，撤掉的是供奉的饭菜与桌子。但只撤下"三牲"和饭菜，其他的祭品要等到正月十八日再撤下。

到了晚上，人们将撤下的"三牲"和饭菜煮熟，全家人共同享用。这被称为"荐胙"。

供奉饭菜只在正月初一举行，没有初二再奉上饭菜和敬酒的家庙祭祀之事。

正月十五是上元佳节，主人在清晨穿上盛装，点燃蜡烛，拜香奠酒，并向神位供奉"三牲"和其他供品。到了正月十八清晨，主人再次穿上盛装，带领子孙洗手、点香，跪拜神位并恭敬地请求撤位。等撤下各种供品后，主人会关闭庙龛，将香炉和烛台摆放在前面的香案上，最后关闭庙门。

神主列位

五代神位是指放置在正祠上的牌位。在正祠正面的上层，会放置始祖的神位，接下来是按顺序排列的五代神位，这称为"荐座"。至于兄弟叔伯、子孙侄子、妇女等牌位，则摆放在附祠中。

十岁以下死亡的人称为"殇"，不会放置神位。七岁以上的嫡子可以放置神位。

如果有妇女在丈夫仍在世期间去世，即便是正统，也不能在正祠中放置牌位，而是需要先在附祠中立牌位，等丈夫去世后再将牌位移到正祠中。

三月

三月清明节期间，人们会选择吉日进行祭祀，其仪式和正月的祭祀活动相同。

七月

也有人会在七月十五日进行祭祀，但并不常见。但没有人会在八九月间进行祭祀活动。

烧包袱之图
选自《街头各行业人物》
清代外销画 （清）佚名
收藏于英国大英图书馆

十月

每年十月初一的祭祀叫做"十月朝"，其仪式和正月的祭祀活动相同。

夏至 冬至

夏至和冬至的祭祀仪式没有差别。

春祭

在正月和清明季节，人们会选择吉日前往墓地祭奠祖先，这被称为"春祭"或"扫祭"。祭奠的仪式如下：提前一天准备好"三牲"和糕点、鲜果蔬菜等供品，除了"三牲"是必需的，其他供品的种类没有规定。人们将这些供品清洗后，装入食盒或竹篮，带到墓地。首先在墓地支起帐幕，帐幕用染成蓝色的棉布制成，称为"布幔"。再铺上毛毡、毯子，在各位祖先的坟墓前放置一张桌子，在桌子上摆放香炉、烛台，把供品放在瓷器中，点蜡烧香上供。主人带着儿孙先洗手洗脸漱口，然后在酒盅里斟酒祭奠，点香拜祭。仆人会在旁边焚烧大金纸和冥衣纸，大金纸、冥衣纸的具体图案可以参照丧礼部分的介绍。先由男性拜祭，再由女性行礼。这一天，主人会将家中的男女和亲戚朋友都请到墓地来参加祭奠活动。等祭祀结束后，人们把供品撤下来，在墓地炊煮饭菜，举办酒宴。如果此地建有祠堂，也可以在祠堂举办酒宴。大户人家的墓地处都建有祠堂，以备祭祀礼拜使用。如果亲戚朋友中有未到场的，主人也可以馈赠撤下的供品给他们。

○踏青

祭祀仪式结束后，人们通常会前往风景优美的山野终日游山踏青。在杭州地区，人们常常乘船在西湖之上游玩。

斋戒祭文

在祭祀祖先的时候，一般不需要进行禁食、守戒等。普通百姓不需要使用祭文，只有官府和乡绅等阶层会使用祭文。

忌辰朔望周年等祭

在祖父母或父母丧期期间，每个月的忌日和初一、十五日，主人需要向其神位奠酒烧香礼拜。但是每天祭拜的情况不多见。

如果还未出殡，则会有每天早晚到灵柩前奠茶、酒、菜并礼拜的做法。如果已经出殡，在丧期内需要在厅堂里供奉神位，但只在初一、十五和忌日进行礼拜仪式。

　　丧期结束，需要将神位移到祠堂。即使对于去世的父母，人们也不会在每月的忌日举办祭祀活动，而只在初一、十五点烛、拈香、奠酒礼拜。即使到了正式忌日，也不进行祭祀。

　　在忌日期间，儿孙也不需要吃素。

　　丧期结束后，在一周年忌日和三周年忌日时人们会举办佛事祭奠。此时需要请僧道追悼祭奠。三年之后，则每隔十年举行一次追祭，多数人会在家庙中请僧道诵经举办佛事，也有人会将佛事中的神主牌位移到厅堂上进行祭奠。

　　给僧道布施的银钱称为"忏资"。每位僧人每天收取一百至一百五十文的钱，如果付银子，则为一两五分至二两。住持长老等人的忏资约十两银子。在进行超度举办法事时，各家根据家境和身份地位支付三百两至五百两不等的忏资，这些费用包括供品的开销。

　　在诵经时，主人必须给僧人供应早餐和午餐。又称早斋和晚斋。

　　僧人念经时会使用木鱼和磬。这些乐器有时由僧侣自带，有时则由主人提供。磬和木鱼的图案和制作方法在僧侣部分有介绍，这里不再赘述。

　　在丧事期间举行佛事时，僧侣会赠送线香和蜡烛，但仅限于丧事期间举办的佛事。在一般的佛事中，不会赠送这些物品。

　　经文大致包括《普门品》《金刚经》等，其他的就不是很清楚了。

　　在死者逝世一周年、三周年和十周年的法事上，奠祭的仪式与春秋季节祭祀的仪式相同，主人会在初一、十五去家庙中供奉一副"三牲"和大约十种鱼肉糕点。并会在早晨沐浴穿着盛装，向每个神位敬酒、献香、行礼。

冥期

祭考妣、祖考妣、显考妣等各位先祖的诞辰时，人们会在厅堂中悬挂该先祖的真容画像，并摆放"三牲"、鱼肉、糕点等供品，点燃蜡烛，祭拜先祖，这被叫做"冥期"，冥期的仪式跟初一、十五祭祀的仪式相同。

真容图行乐图

真容图是祖先晚年的真人全身正面像，被裱成画轴，在祭祀的时候悬挂起来，以表达对祖先的永久追思和纪念。有些人在五六十岁时会让人为自己画像，通常是画出自己喜欢的形象。例如，喜欢山水的人经常画自己在风景幽美的山中游玩，或者画自己从事琴棋书画的形象。这种画作被称为"行乐图"或"真容图"。

祭器

祭祀时用的祭器、桌子、碗碟等一般都是使用洁净的日常用具，也有的人会额外准备，但这种情况很少见。

家庙

家庙的大小和宽度根据家庭贫富不同而有所不同，它的朝向可以跟宅院的朝向相同，但必须避免朝北。家庙日常的扫除和点蜡都由仆人负责，不过，扫除等情况下，不得轻易打开祠龛的门扇。

禀告祖先

主人进出家门时无需向祖先禀告。家中有新生婴儿时也不需要将婴儿抱到家庙中朝拜祖先，但儿孙结婚时必须向祖先禀告。

佳节

在中秋节、重阳节和冬至等重要节日一般没有在家庙中祭祀的做法，但也有些家庭会根据家族传统在这几个节日举行祭拜活动，因此并没有固定的规定。

神主

家庙中一般不放置佛像，只供奉神位。佛像被恭敬地放置在内厅的佛龛中。

卖佛龛
选自《清国京城市景风俗图》册　（清）佚名　收藏于法国国家图书馆

遗物

　　祖先留下的遗物必须被密封在干净的盒子中妥善保存，不能轻易取出。这些遗物只能分配给亲族，但如果祖先有遗嘱，也可以赠送给其他人。子孙后代不得私自将祖先的遗物赠送他人。如果亲族或至亲朋友想要祖先留下的书法或文章作品，可以到家庙禀明，之后赠送，但是没有赠送祖先的衣物或其他玩赏之物的做法，也没有亲友会索要此类物品。

水火之际

　　如果家中发生水灾或火灾等紧急情况，主人应立即先将家庙中的所有神位收集到箱柜等容器中，然后由子孙弟侄等家族成员护送神位逃离，并暂时存放在亲戚朋友家中或者寺庙等其他地方。等到灾后确认家庙未受损，主人再将神位移回原处并举办祭祀仪式。如果家庙已经被烧毁、流失或损坏无法将神位移回时，主人就需要建立临时的家庙安放，并举办临时祭祀仪式，这被称为"压惊祭祀"。当主人收集家庙中的神位准备逃难时，由于事出紧急仓促，所以不需要考虑礼仪，但是不管事情如何紧急艰难，主人在收拾好家庙之前，不能先去分心顾及其他事情。

虞禫之祭

　　没有虞禫祭祀的做法，小祥是指丧后一周年的祭礼，大祥是指丧后三周年的祭礼。

参拜城隍

　　人们把当地自古以来有名望才华并备受推崇的名宦或乡贤，视为城

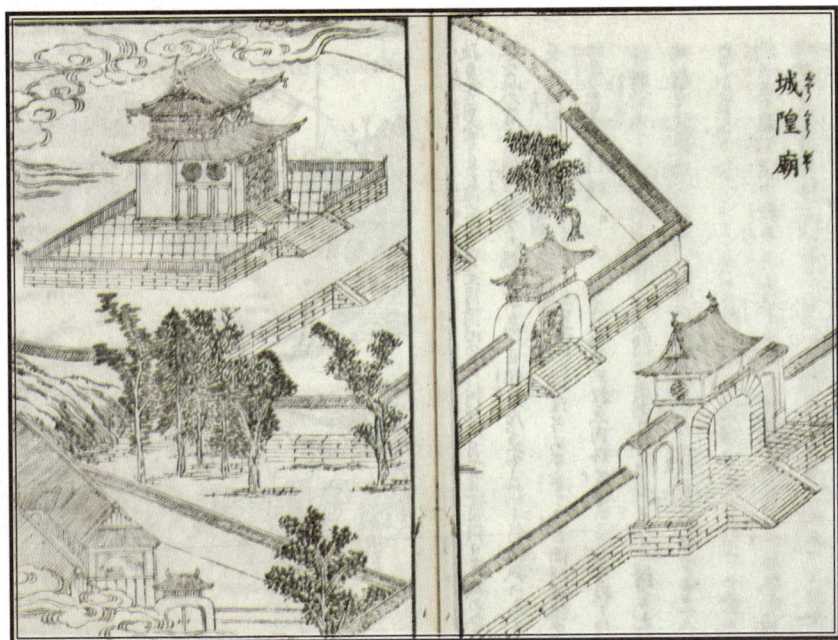

城隍庙

隍神，来祈求他们守护所在地区。各省、州、府、县都建有城隍庙。知县以上的官员在就任的第三或第五天，必须前往城隍庙中参拜，这被称为"斋宿之祭"。

祭礼由省级的礼房官，即州县分设六部官吏中的礼部官吏负责。他们先根据旧例提供书面报告，并准备"三牲"和其他祭品，写好祭文。祭祀当天，由主持祭礼的官员穿上朝服，带领礼房官和执事人员一起前往城隍庙。到了庙门前下轿马，来到神像面前，由礼房官备上祭品，奠酒燃烛，主持官员行三跪九叩首礼，祈求城隍神保佑当地的平安。然后，由执事之一的读祝官朗读祭文，并将祭文烧掉。

244

祭祀结束后，主持祭礼的官员会到庙祝的住处喝茶休息片刻，再返回公馆。庙祝的职位是世代沿袭的，由当地人担任，并从当地领取俸禄。由于庙祝不是朝廷官员，因此没有品级之分。

如果当地没有合适的贤明人士被推崇为城隍神，人们就会从附近的县府请来城隍神并安置在城隍庙中。

○阳官阴官

总之，在祭祀城隍的时候，州内的城隍被视为知州，县内的城隍被视为知县，因此称之为城隍神。由于知州和知县是负责治理民生事务的官员，因此称为"阳官"。而城隍是负责管理阴间孤魂的神灵，因此被称为"阴官"。

○迁座

在三月的清明节、七月十五和十月初一，都有固定的祭祀仪式。在这些节日里，人们用大轿将城隍神抬到郊外的广场上，然后迁移到为祭祀孤魂修建的庙坛里。如果没有庙坛，人们就会搭建临时的草棚，等祭祀结束后再拆除。以主管官员为首，衙门中的各级官员将带领当地老人进行祭祀。有时会备齐"三牲"、鱼肉、蔬菜和水果等数十种食物，在点燃蜡烛后，由主管官员拈香祭拜，其他官员和老人等随后也行礼祭拜，然后各级官员们返回公馆，其余人再继续到神像前行礼祭拜。这被称为"祀孤"，目的是为了祭奠阴间的孤魂。祭祀结束后，人们在当天下午三点左右将城隍神像再送回城隍庙中供奉。

除了官员到任行斋宿礼、初一、十五、中秋、冬至这些特殊日子外，城隍庙中没有其他的祭祀活动。在中秋和冬至祭祀时需要准备"三牲"

　　祭品，而在初一、十五祭祀时则无需准备。在这两种祭祀中没有官员前往祭拜的做法，只是由庙祝准备祭品进行祭祀。官员只有在清明节、七月和十月的三次祭祀中前往参与。

　　在迁移城隍神像时，祭祀的队伍行列的顺序是：领头人高举"奉旨祭祀"的金字牌，接下来是城隍使司高举着一对行牌，其次排列着执事、旗帜、鼓和凉伞，并沿途以音乐伴奏。由于这些音乐都是由专业人士演奏，因此普通百姓并不了解演奏的是什么音乐。

　　以上所讲的三次祭祀、每年城隍庙中所需供品、香烛的费用以及寺庙庙祝的俸禄等，都由当地收入来支付。

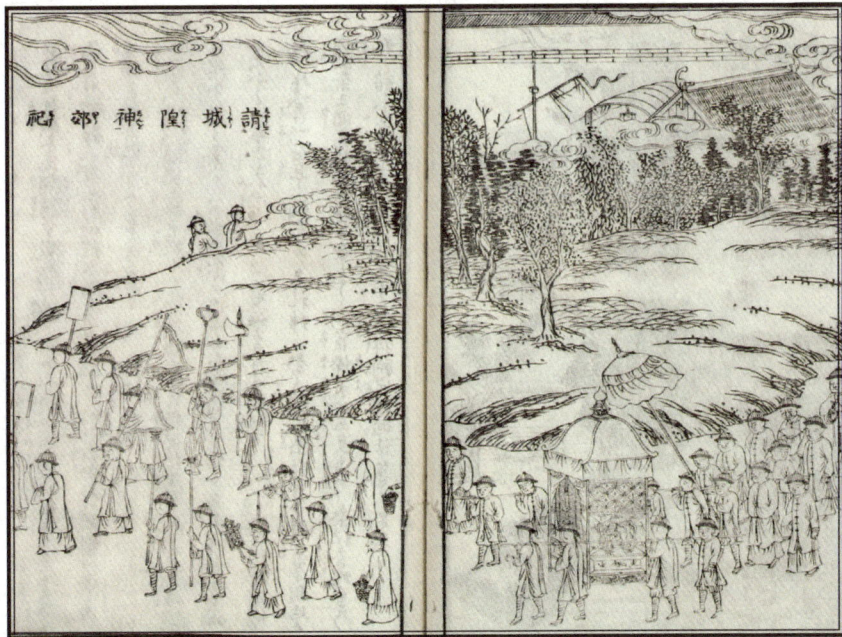

请城隍神郊祀

○ 城隍像

城隍神像是以木雕制而成，手、脚、头都能活动，并根据州府县的官衔等级将他的衣冠涂上相应颜色。也有一些城隍神像是用泥塑制成的。在城隍庙中，人们不会只立书写有神名的神位，一般都有城隍神像。

○ 土地宫

土地宫就是土地神的庙宇。土地神被称为福德正神，是土地的守护神，因此在乡村和村落中都设有土地神祠。大户人家会在自家土地上建造土地神庙，供奉土地神像。庙宇的规模根据土地面积大小而有所不同。

二月二日是土地神的诞辰祭祀日，但土地神具体是哪位神明，并不清楚。人们在庙里供奉"三牲"和各种供品，点燃香烛，由祠官主持奠酒礼拜来进行祭祀。男女都会聚集在一起前来参拜，但由于这不是朝廷的官方祭祀活动，因此没有官员参加，祠官也没有俸禄。祭祀活动的费用，如香烛等，都是由群众捐赠，因此供品的费用和祠官的日常开销都很充足。

天后圣母

天后圣母，又叫天妃或娘娘，通俗称为妈祖娘娘，是专门守护海上的神明。天妃于宋朝建隆元年（960年）三月二十三日诞生于福建兴化府湄州。她的父亲林氏曾担任宋朝的刺史之职，辞官退休后生下天妃。天妃从小就非常聪明，贤惠过人，十六岁时开始跟随道士修行，二十八岁那年的九月重阳节成神，从湄州高山升天。她的灵感世代显著，每个信仰者只要祈求她的庇佑都会得到回应，历代帝王也曾敕令封赠她。最终，在康熙二十三年（1684 年）被封为天后，并按照朝廷规定举行春秋祭祀。

湄州是天后圣母的诞生之地，因此官府建造了高大的庙宇来安置她的神像。此外，在京城和各个省份、府、州和县也建有她的庙宇，庙门前立有下马牌，下马牌是由朝廷命令建造的。天后的祭祀仪式有固定的规定，都是用牛、羊、猪等太牢规格上供，并用玉帛、香烛等祭奠。各地官员受命指派执事人员负责祭祀事务。朝廷也会从礼部官员中挑选承祭官为钦差，捧着祭文香帛派往湄州地区祭祀天后。京城中的庙宇中也有祭祀活动，朝廷也同样会派遣钦差前往祭奠，而天子也会前往参拜。以天子为首，众官员行三跪九叩首礼。

各地的庙宇，由当地主管官员派遣礼房官负责祭祀活动。到了祭祀日，主管官员和各级官吏前往参拜，然后民众男女也前往参拜。府、州、县等同样用太牢规格的祭品来祭拜，神像前的供品有数十种，香火非常旺盛。三月二十三日是天后诞生的日子，会举办祭祀仪式，春秋两季的二月、八月上癸日也会举办祭祀仪式。承祭官等参拜的仪式为：各执事人员会提前一天斋戒，在祭祀当天早晨沐浴后穿吉服来到庙中，庙祝会点烛拈香，长官站在中间，其余的各官员依次排列。赞礼官站在两侧，各官员按照赞礼官念的三跪九叩仪式顺序按规矩行礼。然后由读祝官读完祭文并将之焚化。祭文会根据当时的情况编写。等各官员参拜后散去，会命令该地的保甲负责维护秩序，禁止出现民众口角争斗等无礼行为。在祭祀期间，豪门富户会出钱举办戏曲表演活动，他们会在庙门外广场上搭建戏台向神明献戏，前来参拜的民众可以观看戏曲表演，尽情玩耍，白天夜晚都非常热闹。祭祀费用、香烛费用、庙祝的俸禄等费用，由当地官府列明开销后递交工部报账。

关帝

　　关帝又被称为关圣帝君、关老爷、关菩萨，是多次应验、负责保护武运的神灵，由于人们在军事方面向他祈愿常常应验，因此不仅在武官中备受推崇，即使在官场民间，他也比其他神明更受崇拜。各省、府、州、县都会建造武庙供奉关帝，即便是在乡村，普通百姓也非常信奉他。在雍正年间，台湾曾发生贼乱，但由于关帝显灵，贼乱被迅速平定，因此他被加封为灵佑大帝，朝廷规定春秋两季都要为关帝举办祭祀仪式。

协天官关圣帝　选自《中国建筑·民俗历史·神话人物·白描图》　佚名

关帝庙

关帝庙门外立有下马牌，用太牢礼祭祀。关帝是在五月十三日去世的，所以人们把这一天定为祭祀的日子，另外，春秋两季也会祭祀，日期分别是二月和八月的上戊日。在祭祀日，官员先行参拜后，百姓也会到关帝庙祭祀膜拜，无论男女都可以参加，但是不会出现举办戏曲表演活动向神明献戏的行为。祭奠仪式以及祭祀费用开销与天后庙相同。

灵签

在天后庙、关帝庙里，都有一种叫做灵签的物品，又叫签子筒。灵签是一种由木片或竹片制成的签牌，一共有一百支，从一到一百进行编号后放进签筒中。人们会摇动签筒，摇出一支签牌来预知吉凶祸福。在神殿一侧，放置着一些木板，又叫签诀牌，按照编号写有一些预示吉凶祸福的神示诗句。人们摇出签牌后，去签诀牌上找到编号对应的文字内容，就能知道吉凶祸福的寓意了。

孔庙

在京城和各省、府、州、县都建有孔庙。每年二月和八月的上丁日，会进行释奠仪式，又叫"释菜""丁祭"，不用牛羊作祭品，只用蔬菜和水果来祭祀孔子。在孔庙门前立有下马牌，官员和百姓不能擅自通行。

在京城，朝廷会派钦差大臣前往孔庙祭祀，皇帝也会前往参拜，而各省则由当地官府指派人员主持祭祀仪式。参拜时，除了天子之外，各地方的官员不能登上祭坛，只能在祭坛下面礼拜。簠簋（fǔ guǐ）、笾豆、沼沚、苹蘩等祭品和鼓乐、初献、亚献、终献等仪式，都由祭酒先生和秀才们负责。

虽然祭祀活动有严格的三跪九叩礼仪，但由于不是庶民可以随意参观的，因此细节不为人知。如果想了解文庙的结构，可以参考闾学部分，这里就不再赘述。